KLASSIKER DER
Festtagsküche

KLASSIKER DER Festtagsküche

DIE BESTEN **REZEPTE**

FÜR BESONDERE ANLÄSSE

Reader's Digest

Inhalt

VORSPEISEN, SUPPEN UND SALATE

HAUPTGERICHTE MIT FLEISCH, FISCH, WILD, GEFLÜGEL

FEINE NACHSPEISEN

Man soll die Feste feiern...

Wer gern kocht, kennt nichts Schöneres, als Gäste zum Essen einzuladen und sie mit liebevoll zubereiteten Speisen zu verwöhnen. Denn die Geselligkeit zu pflegen und in festlichem Rahmen zudem kulinarische Köstlichkeiten gemeinsam zu genießen, bereitet gleich doppeltes Vergnügen.

Besondere Rezepte für festliche Anlässe

Wer Familie, Freunde und Bekannte zu einem besonderen Anlass einlädt, möchte ein außergewöhnliches Gericht oder Menü zaubern und dennoch einen unterhaltsamen und entspannten Abend mit seinen Gästen genießen. Meist kredenzt man bei solchen Gelegenheiten Klassiker oder Menüs, deren Zubereitung im normalen Alltagsleben zu aufwendig wäre.

Ob zu Weihnachten, Ostern, Geburtstagen oder sonstigen Gelegenheiten: Wichtig ist es, mit anderen Menschen, die man vielleicht auch schon lange nicht mehr gesehen hat, Zeit zu verbringen und ein paar gemütliche Stunden zu erleben. Dabei braucht es keine großartig gestalteten Einladungen und keine stundenlangen Vorbereitungen in der Küche. So ist beispielsweise ein Eichblattsalat mit Feigen und Parmaschinken in 20 Minuten zubereitet, die Rehmedaillons mit Espresso-Walnuss-Kruste benötigen gerade einmal 30 Minuten.

Festtagsmenüs nach Wahl

Natürlich können Sie die Gerichte, die Sie in diesem Buch vorfinden, nach Lust und Laune kombinieren. Ob Pilzsülzchen in Kräuterschaum als Vorspeise, eine knusprig gebratene Entenbrust als Hauptgang und zum Abschluss eine köstliche Mohn-Marzipan-Mousse mit Cranberry: Den Kombinationsmöglichkeiten sind hier so gut wie keine Grenzen gesetzt.

Ein Fest für die Sinne

Es ist nicht allein der Anlass, der ein gelungenes Fest ausmacht. Egal ob ein gemütlicher Abend mit Freunden, eine festliche Tafel zur Hochzeit, ein runder Geburtstag oder ein Weihnachtsessen mit der Familie: Neben dem leiblichen Wohl ist es vor allem auch die Dekoration, die entscheidend zu einer anregenden Atmosphäre beiträgt. Man möchte ja, dass sich die Anwesenden gern an das Ereignis zurückerinnern.

Der Tisch ist in der Regel der Mittelpunkt einer jeden Feierlichkeit. Hier wird gegessen, getrunken, hier unterhalten sich die Gäste. Dementsprechend wichtig ist es, die Tafel so zu gestalten, dass sich die Anwesenden auch über einen längeren Zeitraum wohlfühlen. Bei der Tischdekoration sollten Sie daher auf eine angenehme Optik Wert legen und darauf achten, dass ausreichend Platz für Ihre Gäste vorhanden ist.

Dekorieren Sie mit Geschick, dabei dürfen Sie gern auch kreativ sein und etwas Neues ausprobieren. Das bietet Ihnen die Gelegenheit, individuelle Akzente zu setzen und die Stimmung unter Ihren Gästen positiv zu beeinflussen – und sie haben ein Gesprächsthema. Aber wie so oft gilt auch hier das Motto „Weniger ist manchmal mehr", denn im Überschwang kann es leicht passieren, dass man die Festtafel mit dekorativen Elementen überfrachtet. Das könnte außerdem den negativen Effekt haben, dass die Dekoration beim Essen und Trinken von Ihren Gästen als störend empfunden wird.

Das Auge isst mit

Ein jeder kennt das Sprichwort „Das Auge isst mit", das Köchen oft von Restaurantchefs ans Herz gelegt wird. Essen soll nicht nur gut schmecken, sondern auch schön aussehen und hübsch angerichtet sein. Zahlreiche Studien haben inzwischen den Nachweis erbracht, dass das Aussehen eines Gerichts einen nicht zu unterschätzenden Einfluss auf den Geschmack desselben hat. Ein Gericht schmeckt uns also besser, wenn es appetitlich aussieht. Auch im privaten Rahmen hat dies seine Gültigkeit, und mit wenig Aufwand können Sie hier viel erreichen.

Legen Sie z. B. ein Salatblatt und eine geviertelte Tomate neben das Entrecôte, selbst wenn Sie einen extra Salatteller dazu reichen. Streuen Sie etwas Petersilie über die Kastaniencremesuppe, auch wenn das für den Geschmack gar nicht nötig wäre. Und legen Sie ein frisches Blatt Basilikum auf die Spinatfettuccine, um einen frischen Farbtupfer auf das Gericht zu zaubern – mit diesen kleinen Verschönerungen machen Sie das Gericht für Ihre Gäste optisch noch ansprechender.

Wir wünschen gutes Gelingen und einen guten Appetit!

VORSPEISEN, SUPPEN UND SALATE

Gratinierte Muscheln mit Spinatfüllung

4 PORTIONEN

12 MITTELGROSSE MUSCHELN
(Z. B. KLAFFMUSCHELN)
3 TL OLIVENÖL
1 ZWIEBEL, KLEIN GEHACKT
2 KNOBLAUCHZEHEN, KLEIN GEHACKT
4 TL MEHL
160 ML GEMISCH AUS FETTARMER MILCH UND SAHNE
¼ TL SALZ
⅛ TL CAYENNEPFEFFER
150 G TK-SPINAT, AUFGETAUT UND ABGETROPFT
50 G BROTBRÖSEL
4 TL PARMESANKÄSE, FRISCH GERIEBEN

ZUBEREITUNGSZEIT 40 MINUTEN

1 Die Muscheln in eine Pfanne legen und 1 cm hoch Wasser dazugeben. Die Muscheln zugedeckt etwa 4 Minuten kochen lassen, bis sie sich öffnen. (Nach 2 Minuten überprüfen, welche Muscheln geschlossen bleiben. Alle geschlossenen wegwerfen.) Die Muscheln in eine Schüssel geben, abkühlen lassen und die obere Schale entfernen. Die Muscheln auf ein Backblech legen.

2 Den Backofen auf 230 °C vorheizen. 2 TL Olivenöl in einem kleinen Topf erhitzen. Zwiebeln und Knoblauch darin 5 Minuten glasig andünsten. Das Mehl unterrühren und 1 Minute mitkochen. Das Milch-Sahne-Gemisch, Salz und Cayennepfeffer hinzufügen und weitere 3 Minuten kochen, bis die Soße eindickt. Den Spinat unterrühren. Die Spinatmischung über die Muscheln geben.

3 In einer kleinen Schüssel Brösel und Käse vermischen und über die Muscheln streuen. Das restliche Öl (1 TL) darüberträufeln. Die Muscheln etwa 5 Minuten backen. Den Ofengrill einschalten und die Muscheln 1–2 Minuten gratinieren, bis die Brösel goldbraun und knusprig sind.

Garnelenspieße mit Ananassalsa

4 PORTIONEN

20 TIEFSEEGARNELEN, GEGART UND GESCHÄLT
1 EL LIMETTENSAFT
1 EL SONNENBLUMENÖL
¼ TL SALZ, MEHR SALZ ZUM BESTREUEN
FRISCH GEMAHLENER PFEFFER
2 KLEINE ZUCCHINI, IN SCHEIBEN GESCHNITTEN
½ FRISCHE ANANAS
1 ROTE SCHALOTTE, GEHACKT
1 MSP. INGWERPULVER
1 GUTE PRISE CHILIPULVER
1 EL SHERRY (MEDIUM)

ZUBEREITUNGSZEIT 25 MINUTEN PLUS ZEIT ZUM MARINIEREN

1 Die Garnelen waschen und trocken tupfen. Limettensaft, Öl, Salz und Pfeffer in einer flachen Schale verrühren. Garnelen hineingeben und zugedeckt etwa 30 Minuten marinieren.

2 Zucchinischeiben mit Salz bestreuen, beiseitestellen. 4 lange Bambusspieße zum Einweichen in kaltes Wasser legen, ebenfalls beiseitestellen.

3 Für die Salsa die Ananas schälen und in Würfel schneiden. Die Hälfte der Würfel pürieren. Ganze Ananaswürfel, Schalotte, Ingwer- und Chilipulver sowie Sherry untermischen. Mit Salz abschmecken. Kalt stellen.

4 Grill vorheizen. Garnelen aus der Marinade nehmen. Zucchinischeiben kurz abbrausen und mit Küchenpapier trocken tupfen. Auf jeden Bambusspieß im Wechsel 5 Garnelen und 5 Zucchinischeiben stecken.

5 Die fertigen Spieße auf oder unter den heißen Grill legen und 3–4 Minuten rösten. Wenden, mit Marinade bestreichen und weitere 3–4 Minuten grillen. Sofort mit der Ananas-Salsa servieren.

Pilzsülzchen in Kräuterschaum

6 PORTIONEN

750 ML BRÜHE
3 PERLZWIEBELN
5 SCHWARZE PFEFFERKÖRNER
3 STÄNGEL PETERSILIE
350 G GEMISCHTE PILZE (Z. B. CHAMPIGNONS, AUSTERNPILZE UND PFIFFERLINGE), IN STÜCKE GESCHNITTEN
3 TL WEISSWEINESSIG
1½ TÜTCHEN INSTANT-AGAR-AGAR (PFLANZLICHES GELIERMITTEL)
12 PETERSILIENBLÄTTER
250 G KEFIR
2 EL GEHACKTE GEMISCHTE KRÄUTER
SALZ
4 SCHEIBEN VOLLKORNBROT

ZUBEREITUNGSZEIT 35 MINUTEN PLUS ZEIT ZUM KÜHLEN

1 Brühe in einen Topf geben. Zwiebeln, Pfefferkörner und Petersilienstängel zugeben; alles aufkochen. 4 Minuten kochen lassen.

2 Zwiebeln, Petersilie und Pfefferkörner aus der Brühe nehmen. Pilzstücke in die Brühe geben und 3 Minuten kochen lassen. Inzwischen die Zwiebeln kalt abspülen, dann schälen und grob hacken.

3 Pilze in einem Sieb über einer Schüssel abtropfen lassen. Sud aus der Schüssel zurück in den Topf geben. Pilze und Zwiebeln mischen. Sud mit Essig abschmecken.

4 Agar-Agar in den Sud geben. Alles aufkochen. 2 Minuten unter Rühren kochen lassen. In 6 Förmchen (je 150 ml Inhalt) je etwas Sud füllen. 5 Minuten kalt stellen.

5 Sobald der Sud erstarrt ist, je ein Petersilienblatt darauflegen, Pilzmischung darübergeben und wieder Sud darübergießen, noch ein Petersilienblatt darauflegen. Die Förmchen 2 Stunden kalt stellen.

6 Kurz vor dem Servieren den Kefir in eine Schüssel geben; Kräuter und Salz zufügen. Mit dem Stabmixer aufschäumen. Sülzchen auf Teller stürzen, mit Kräuterschaum umgießen und servieren. Dazu den restlichen Schaum und Brot reichen.

Klassisches Rindercarpaccio mit Champignons

2 PORTIONEN

300 G RINDERFILET (AUS DEM MITTELSTÜCK), ANGEFROREN
250 G KLEINE CHAMPIGNONS
6 EL ZITRONENSAFT
SALZ
5–6 EL OLIVENÖL
40 G PARMESAN AM STÜCK
FRISCH GEMAHLENER PFEFFER
3–4 STÄNGEL PETERSILIE

ZUBEREITUNGSZEIT 20 MINUTEN

1 Das Rinderfilet mit der Aufschnittmaschine oder mit einem scharfen Messer in hauchdünne Scheiben schneiden oder bereits geschnitten beim Metzger kaufen.

2 Die Pilze putzen, abreiben und ebenfalls in hauchdünne Scheiben schneiden. Mit 2 EL Zitronensaft beträufeln, damit sie nicht braun werden.

3 Den restlichen Zitronensaft mit Salz verrühren, bis es sich aufgelöst hat. Erst dann das Olivenöl nach und nach darunterschlagen. Den Parmesan mit dem Sparschäler in dünne Späne hobeln.

4 Die Hälfte der Zitronen-Öl-Mischung auf vier gut gekühlte Teller streichen. Die Filetscheiben leicht überlappend darauflegen. Die Champignonscheiben auf dem Fleisch anrichten, die Parmesanspäne darüberstreuen. Die restliche Marinade über das Carpaccio träufeln und alles mit Pfeffer übermahlen.

5 Die Petersilie abbrausen und trocken schütteln; die Blätter abzupfen und vor dem Servieren auf das Carpaccio streuen. Mit frischem Weißbrot servieren.

Melonenspieße mit Schinken und Tomaten

12 SPIESSE

16 COCKTAILTOMATEN
½ BUND BASILIKUM
12 SCHEIBEN LUFTGETROCKNETER SCHINKEN (Z. B. SERRANO)
½ REIFE CHARENTAISMELONE
2 TL SHERRYESSIG
1 EL OLIVENÖL
SALZ
FRISCH GEMAHLENER PFEFFER
AUSSERDEM ETWA 12 HOLZ- ODER METALLSPIESSE

ZUBEREITUNGSZEIT 25 MINUTEN

1 Cocktailtomaten waschen und trocken reiben. Basilikum waschen, trocken schütteln und die Blättchen abzupfen. Schinkenscheiben längs halbieren.

2 Die Kerne mit einem Löffel aus der Melonenhälfte heben. Das Fruchtfleisch mit einem Kugelausstecher herauslösen oder die Melone schälen und das Fruchtfleisch in Würfel schneiden. Den austretenden Fruchtsaft auffangen.

3 Für die Vinaigrette Sherryessig, Olivenöl und herausgetropften Melonensaft verquirlen. Mit Salz und Pfeffer würzen.

4 Melonenkugeln oder -würfel, Tomatenhälften und Basilikumblätter abwechselnd auf die Spieße stecken, dabei die Schinkenstreifen ziehharmonikaartig dazwischen verteilen.

5 Die Zutaten auf den Spießen mit der Vinaigrette bestreichen. (Das geht am besten mit einem Silikonpinsel.) Die Spieße auf einer Servierplatte anrichten. Mit Basilikum garnieren.

Pfannkuchenröllchen mit Meerrettich und Lachs

6 PORTIONEN

100 G MEHL
SALZ
250 ML MILCH
2 EIER
ETWA 1 EL BUTTERSCHMALZ
4 STÄNGEL DILL, MEHR ZUM GARNIEREN
300 G MEERRETTICHFRISCHKÄSE (DOPPELRAHMSTUFE)
1 TL ZITRONENSAFT
300 G RÄUCHERLACHS IN SCHEIBEN
AUSSERDEM: 36 COCKTAILSPIESSCHEN ODER ZAHNSTOCHER

ZUBEREITUNGSZEIT 30 MINUTEN

1 Für den Pfannkuchenteig das Mehl mit Salz, Milch und Eiern mit den Quirlen des Handrührgeräts verrühren. Den Teig 5 Minuten bei Raumtemperatur quellen lassen.

2 In einer großen beschichteten Pfanne (innen 24 cm ∅) etwas Butterschmalz erhitzen. Etwa ein Viertel des Teigs in der Pfanne durch Schwenken dünn verteilen und bei mittlerer Hitze braten.

3 Sobald die Unterseite bräunt, den Pfannkuchen wenden und auf der anderen Seite braten. Aus dem übrigen Teig nacheinander 3 weitere Pfannkuchen braten; alle abkühlen lassen.

4 Den Dill waschen, trocken schütteln und die Spitzen abzupfen. Den Meerrettichfrischkäse mit dem Zitronensaft verrühren.

5 Die abgekühlten Pfannkuchen mit der Frischkäsecreme bestreichen, mit Dill bestreuen und mit den Lachsscheiben belegen. Die Pfannkuchen aufrollen. Die Ränder von den Rollen abschneiden.

6 Jede Rolle in etwa 9 Scheiben schneiden, diese mit Cocktailspießchen oder Zahnstochern fixieren. Die Pfannkuchenröllchen auf einer Platte anrichten und mit Dill garnieren.

Alternative

Statt Meerrettichfrischkäse Frischkäse (Natur) mit 2 TL frisch geriebenem Meerrettich oder Tafelmeerrettich cremig rühren.

Grüner Spargel in Schinkenhülle

4 PORTIONEN

12 STANGEN GRÜNER SPARGEL (500 G)
SALZ
8 RADIESCHEN
100 G SALATMAYONNAISE
FRISCH GEMAHLENER PFEFFER
1 MSP. CAYENNEPFEFFER
1 TL ZITRONENSAFT
ABGERIEBENE SCHALE VON ½ UNBEHANDELTEN ORANGE
½ TL ORANGENLIKÖR
8 SCHEIBEN LUFTGETROCKNETER SCHINKEN (Z. B. PARMASCHINKEN, NICHT ZU DÜNN GESCHNITTEN)
ETWA ½ BUND SCHNITTLAUCH

ZUBEREITUNGSZEIT 20 MINUTEN

1 Spargel waschen, nur das untere Drittel der Stangen schälen und die holzigen Enden abschneiden. Stangen halbieren. In kochendem Salzwasser je nach Dicke in 5–7 Minuten bissfest garen; abgießen, kalt abschrecken und abtropfen lassen.

2 Inzwischen Radieschen waschen und putzen; von oben nach unten mehrfach einschneiden. Eingeschnittene Radieschen für etwa 5 Minuten in eiskaltes Wasser legen, damit sich die „Blüten" öffnen. Schnittlauch waschen.

3 Salatmayonnaise mit Salz, Pfeffer, Cayennepfeffer und Zitronensaft abschmecken. Mit Orangenschale und -likör aromatisieren.

4 Schinkenscheiben auf die Arbeitsfläche legen und mit der Mayonnaise bestreichen. Jeweils 3 Spargelhälften so in 1 Scheibe Schinken wickeln, dass sie etwas herausragen.

5 Die Schinkenrollen mit 2 Schnittlauchhalmen umschlingen und festbinden. Spargel in Schinkenhülle anrichten und mit den Radieschenblüten garnieren.

Hummercocktail

4 PORTIONEN

2 STANGEN SELLERIE
200 G ABGETROPFTE ARTISCHOCKEN-HERZEN (KONSERVE)
1 ORANGE
1 GEGARTER HUMMER (ETWA 400 G)
SALZ
FRISCH GEMAHLENER PFEFFER
3 EL ZITRONENSAFT
2 EL WEINBRAND
3 EL SALATMAYONNAISE
2 EL CRÈME FRAÎCHE
1 MESSERSPITZE CAYENNEPFEFFER
ETWA 8 SCHÖNE SALATBLÄTTER (Z. B. CASTELFRANCO)
EDELSÜSSES PAPRIKAPULVER ZUM BESTREUEN

ZUBEREITUNGSZEIT 30 MINUTEN

1 Selleriestangen waschen, putzen und in feine Scheiben schneiden. Artischockenherzen in mundgerechte Stücke schneiden. Orange so dick schälen, dass auch die weiße Haut mitentfernt wird. Fruchtfilets zwischen den Trennhäuten herauslösen, dabei den Saft auffangen.

2 Den Hummer zerlegen. Dafür die Scheren abdrehen und aus dem Panzer brechen, das Fleisch herausnehmen. Den Hummerkörper mit der Unterseite nach unten legen und der Länge nach aufschneiden. Das Fleisch herausheben, dabei den Darm entfernen. Hummerfleisch in mundgerechte Stücke schneiden.

3 Die Hummerstücke mit Selleriescheiben, Artischockenstücken und Orangenfilets mitsamt Saft in eine Schüssel geben. Salz, Pfeffer, 2 EL Zitronensaft und den Weinbrand hinzufügen. Alles mischen, zudecken und kühl stellen; etwa 15 Minuten ziehen lassen.

4 Salatmayonnaise mit Crème fraîche verrühren; mit Salz, Pfeffer, restlichem Zitronensaft (1 EL) und Cayennepfeffer abschmecken. Salatblätter waschen und trocken schleudern. Vier Cocktailgläser mit den Salatblättern auslegen.

5 Die Hummer-Gemüse-Mischung auf den Salatblättern in den Gläsern anrichten. Die Mayonnaisesoße darauf verteilen und mit etwas Paprikapulver bestäuben. Sofort servieren.

Mariniertes Roastbeef

4 PORTIONEN

4 EL MARILLEN- ODER WEISSWEINESSIG
5 EL KALBSFOND (GLAS) ODER FLEISCHBRÜHE
SALZ
FRISCH GEMAHLENER PFEFFER
5 EL TRAUBENKERNÖL
½ FRISÉESALAT
16 SCHEIBEN GEBRATENES ROASTBEEF (ETWA 300 G)
4 GETROCKNETE APRIKOSEN
2 SCHALOTTEN
EINIGE KERBELBLÄTTCHEN
40 G ALTER GOUDA

ZUBEREITUNGSZEIT 20 MINUTEN

1 Für die Vinaigrette Essig mit Fond oder Brühe, Salz und Pfeffer verquirlen; das Traubenkernöl darunterschlagen. Den Friséesalat waschen, trocken schleudern und grob zerpflücken.

2 Die Salatblätter auf vier Teller verteilen. Die Roastbeefscheiben zu Röllchen formen und auf den Blättern anrichten. Die Vinaigrette über Fleisch und Salat träufeln. Etwa 10 Minuten ziehen lassen.

3 Inzwischen Aprikosen klein würfeln. Schalotten schälen, halbieren und in feine Streifen schneiden. Kerbel waschen, trocken schütteln und verlesen.

4 Roastbeef und Friséesalat mit Aprikosenwürfeln und Schalotten bestreuen. Den Gouda in feinen Spänen über die Fleischröllchen und den Salat hobeln. Mit Kerbelblättchen garnieren.

Anrichten

Essbare Blüten, z. B. von Kapuzinerkresse, Borretsch oder Ringelblume, geben dem Gericht eine bunte, frische Note. Nur ungespritzte Blüten verwenden.

Tomaten und Feigen in Honigsoße

4 PORTIONEN

800 G AROMATISCHE TOMATEN
SALZ
4 KLEINE RUNDE ZIEGENFRISCHKÄSE (PICANDOU, JE 40 G)
20 G GEHACKTE PISTAZIEN
8 KLEINE FRISCHE FEIGEN
1 BUND BASILIKUM
1 TL AKAZIENHONIG
2 EL ZITRONENSAFT
2 EL TOMATEN-BALSAMICO-ESSIG
FRISCH GEMAHLENER PFEFFER
4 EL OLIVENÖL
SALZFLOCKEN (Z. B. FLEUR DE SEL; NACH BELIEBEN)

ZUBEREITUNGSZEIT 20 MINUTEN

1 Tomaten waschen, in Spalten oder quer in Scheiben schneiden, dabei die Stielansätze entfernen. Tomatenstücke in einer Schüssel mit Salz bestreuen und Saft ziehen lassen.

2 Ziegenfrischkäse halbieren. Käsehälften mit den Rändern und Schnittflächen in den Pistazien wälzen. Feigen waschen, mit Küchenpapier trocken tupfen und die Spitzen abschneiden. Früchte längs halbieren. Basilikum waschen, trocken schütteln und die Blättchen abzupfen.

3 Die Tomatenstücke aus der Schüssel nehmen (Saft darin lassen) und mit der Hälfte der Basilikumblätter sowie Feigen- und Käsehälften auf vier Teller oder eine Servierplatte geben.

4 Honig, Zitronensaft und Tomaten-Balsamico-Essig zur Tomatenflüssigkeit geben. Salz, Pfeffer und Olivenöl hinzufügen; alles zu einer Vinaigrette verquirlen.

5 Alle Zutaten mit der Vinaigrette beträufeln und mit den restlichen Basilikumblättern garnieren. Nach Belieben mit Salzflocken bestreuen und mit etwas Pfeffer übermahlen.

Pastetchen mit Kalbsragout

4 PORTIONEN

300 ML KALBSFOND (GLAS)
SALZ
6 KALBSMEDAILLONS
(KEULE ODER FILET; JE ETWA 50 G)
100 G CHAMPIGNONS
1 KLEINE ZWIEBEL
100 G TK-ZUCKERSCHOTEN
1 EL BUTTER
1 EL MEHL
100 G SAHNE
4–5 EL TROCKENER WEISSWEIN
FRISCH GEMAHLENER PFEFFER
1–2 TL ZITRONENSAFT
WORCESTERSOSSE
4 BLÄTTERTEIGPASTETEN
PETERSILIE ZUM GARNIEREN

ZUBEREITUNGSZEIT 30 MINUTEN

1 Den Fond in einem Topf aufkochen lassen, leicht salzen und die Kalbsmedaillons hineinlegen. Erneut langsam aufkochen, den Topf schließen und das Fleisch bei schwacher Hitze in 10–12 Minuten gar ziehen lassen. In einem Sieb abtropfen lassen, Fond dabei auffangen.

2 Inzwischen die Champignons abreiben, putzen und je nach Größe halbieren oder vierteln. Die Zwiebel schälen und fein würfeln. Die Zuckerschoten antauen lassen. Das Fleisch in feine Streifen schneiden.

3 Den Backofen auf 160 °C vorheizen. In einer Pfanne die Butter zerlassen, die Pilze darin bei mittlerer Hitze 3 Minuten unter Rühren anbraten. Die Zwiebel 3 Minuten mitbraten. Das Mehl darüberstäuben und kurz anschwitzen.

4 Den Topf vom Herd nehmen und den heißen Kalbsfond unter Rühren zur Mehlschwitze gießen. Wieder auf den Herd stellen und aufkochen lassen.

5 Sahne und Wein darunterschlagen und die Soße 5 Minuten köcheln lassen. Mit Salz, Pfeffer, Zitronensaft und Worcestersoße würzen. Fleischstreifen und Zuckerschoten unter die Soße mischen und bei schwacher Hitze in 2–3 Minuten heiß werden lassen.

6 Die Blätterteigpasteten im heißen Ofen nach Packungsangabe erwärmen. Die Deckel mithilfe eines Teelöffels aus den Pasteten lösen. Die Pasteten mit dem Ragout füllen, mit Petersilie garnieren und mit den Deckeln servieren.

Gebackener Ziegenkäse auf Friséesalat

4 PORTIONEN

4 REIFE ZIEGENKÄSE (Z. B. CROTTINI DE CHAVIGNOL, JE ETWA 70 G)
4 ZWEIGE THYMIAN ODER
1 TL GETROCKNETER THYMIAN
5 TL FLÜSSIGER HONIG
FRISCH GEMAHLENER PFEFFER
1 KLEINER FRISÉESALAT
2 KLEINE BIRNEN (Z. B. WILLIAMS CHRIST)
2 EL ZITRONENSAFT
2 EL WEISSER BALSAMICO-ESSIG
SALZ
4 EL WALNUSSÖL
2 EL OLIVENÖL
30 G GROB GEHACKTE WALNUSSKERNE

ZUBEREITUNGSZEIT 20 MINUTEN

1 Den Backofen auf 200 °C vorheizen. Die Ziegenkäse auf ein mit Backpapier belegtes Blech legen. Die Thymianzweige waschen, Blätter abstreifen und hacken.

2 Die Käse mit je 1 TL Honig beträufeln, mit dem Thymian bestreuen und mit Pfeffer übermahlen. Im heißen Ofen (unten) 5 – 8 Minuten backen.

3 Inzwischen den Friséesalat waschen, trocken schleudern und grob zerpflücken. Die Birnen waschen, vierteln und in dünne Spalten schneiden; sofort mit dem Zitronensaft beträufeln.

4 Den Essig mit 2 EL Wasser, Salz, Pfeffer und dem übrigen Honig (1 TL) verrühren. Walnuss- und Olivenöl darunterschlagen und die grob gehackten Nüsse darunterheben.

5 Den Friséesalat und die Birnenspalten auf vier Teller verteilen und mit dem Dressing beträufeln. Auf jeder Salatportion einen Ziegenkäse anrichten.

Gegrillte Kräuterseitlinge in Zitronenmarinade

4 PORTIONEN

400 G KRÄUTERSEITLINGE
½ BUND THYMIAN, MEHR ZUM GARNIEREN
6 EL OLIVENÖL, MEHR FÜR DIE FORM
SALZ
FRISCH GEMAHLENER PFEFFER
3 KNOBLAUCHZEHEN
3–4 EL ZITRONENSAFT

ZUBEREITUNGSZEIT 20 MINUTEN

1 Den Backofen auf 250 °C oder den Backofengrill vorheizen. Die Kräuterseitlinge putzen, abreiben und längs in dünne Scheiben schneiden. Den Thymian abbrausen und trocken schütteln; die Blättchen abstreifen und hacken.

2 Die Pilzscheiben lagenweise in eine geölte ofenfeste Form legen, salzen und pfeffern. Mit dem Thymian bestreuen und mit dem Olivenöl beträufeln.

3 Die Pilze im heißen Ofen oder mit etwa 10 cm Abstand von den Grillstäben in 10–12 Minuten goldbraun rösten oder braten. Nach der Hälfte der Garzeit die Pilze wenden.

4 Inzwischen den Knoblauch schälen und fein hacken. Unter die Pilze mischen und diese noch 2 Minuten weitergrillen bzw. -braten.

5 Die Pilze aus dem Ofen nehmen, den Zitronensaft darüberträufeln und untermischen. Das Pilzgericht mit Thymianzweigen garnieren und sofort servieren oder abkühlen und 2–4 Stunden durchziehen lassen.

Häschen aus der Knolle

So schön sieht ein Ostertisch aus dem Kartoffeldrucker aus. Die Idee: ein Motiv für alles

PRODUKTION: FLORA PRESS / CAROLINE BURECK

Wer seinen Frühstückstisch an Ostern mit einheitlicher Linie und doch individuell gestalten will, macht es wie die alten Ägypter (oder Kindergartenkinder): Er schnitzt Motive in Kartoffeln und stempelt sich die Welt schön. Zuerst müssen die Stempel hergestellt werden. Pro Motiv und Farbe benötigt man eine halbe, nicht zu kleine Kartoffel. In die Schnittfläche drückt man einen Plätzchenausstecher in Häschenform und legt die Form mit einem Messer rundherum frei. Das Motiv bleibt erhaben stehen (Bild 1). Bevor man die Farbe auf den Stempel pinselt (Bild 2), sollte dieser mit Küchenkrepp sorgfältig trocken getupft werden. Am besten fertigen Sie zuerst einen Probedruck an.

Um Tischdecken oder Servietten zu bedrucken, nimmt man Textilfarbe. Wichtig ist, dass neue Stoffe vorher gewaschen werden, sonst haftet die Farbe nicht. Wird die trockene Textilfarbe mit dem Bügeleisen fixiert (Tuch dazwischenlegen), ist sie anschließend waschfest. Papier lässt sich mit Wasser- und Acrylfarben verzieren. Daraus kann man hübsche Einladungskarten basteln.

Eine Banderole aus Jutestoff für edle Servietten

Weniger ist mehr. Ein besonders stimmiges Gesamtbild entsteht, wenn man sich auf ein Motiv und zwei Farben (hier: braun, hellblau) beschränkt. So erhält man eine Dekoration aus einem Guss (Bild rechte Seite). Sehr apart wirken auch Kontraste: Will man edle Stoffservietten nicht bedrucken, kann man ihnen eine Banderole aus Papier verpassen oder wie hier aus Jutestoff (Bild 3). Perfekt wird der Ostertisch mit farblich passend gefärbten Eiern.

Schneiden, pinseln, stempeln: Kartoffeldruck ist ganz einfach, und das Ergebnis kann sich sehen lassen

①

②

③

Das benötigen Sie:

- Kartoffeln
- Plätzchenausstecher Hase
- glattes Messer
- Pinsel
- Wasser-/Acryl- und Textilfarbe
- Küchenkrepp
- Druckunterlagen wie Servietten, Jutestoff, Tischdecke, Papier

Frohe Ostern!

Roastbeef mit grünem Spargel

4 PORTIONEN

300 G ROASTBEEF (IN DÜNNEN SCHEIBEN)
250 G GRÜNER SPARGEL
100 G COCKTAILTOMATEN
2 EL WEISSWEINESSIG
SALZ
FRISCH GEMAHLENER PFEFFER
4 EL RINDERFOND (GLAS) ODER FLEISCHBRÜHE
6 EL OLIVENÖL
½ BUND SCHNITTLAUCH
50 G PARMESAN

ZUBEREITUNGSZEIT 20 MINUTEN

1 Die Roastbeefscheiben auf vier Tellern ausbreiten. Den Spargel putzen, waschen, die Enden abschneiden und das untere Drittel der Stangen schälen.

2 Die Stangen schräg in dünne Scheiben schneiden und auf den Fleischscheiben verteilen. Die Cocktailtomaten waschen, in Scheiben schneiden und ebenfalls auf die Teller geben.

3 Für die Vinaigrette Essig mit Salz, Pfeffer und Fond oder Brühe verquirlen; das Olivenöl darunterschlagen. Die Soße über Fleisch und Gemüse träufeln.

4 Den Schnittlauch abbrausen, trocken schütteln und in Röllchen schneiden. Die Röllchen auf Roastbeef und Gemüse streuen, dann den Parmesan über die Portionen hobeln.

Alternativen

Dünne Scheiben rosa pochiertes Rinder- oder Kalbsfilet sind ebenfalls eine edle Basis für diese Vorspeise. Wenn es eine kleine erfrischende Mahlzeit sein soll, eignet sich auch fein aufgeschnittenes gekochtes Rindfleisch (z. B. Tafelspitz) sehr gut.

Suppe mit Biskuitherzen

4 PORTIONEN

2 EIER
¼ TL SALZ
1 MSP. ZUCKER
50 G MEHL
20 G GERIEBENER PARMESAN
1 EL OLIVENÖL
1 L GEMÜSEBRÜHE
FRISCH GERIEBENE MUSKATNUSS
1 BUND SCHNITTLAUCH

ZUBEREITUNGSZEIT 20 MINUTEN

1 Den Backofen auf 200 °C vorheizen. Ein Backblech mit Backpapier auslegen. Die Eier mit 1 EL lauwarmem Wasser, Salz und Zucker in einem hohen Rührbecher auf höchster Stufe mit den Quirlen des Handrührgeräts in 5 Minuten cremig aufschlagen. Das Mehl darübersieben; mit dem Parmesan und dem Olivenöl unter die Eiercreme heben.

2 Die Biskuitmasse etwa 5 mm dick (21 × 21 cm) auf das Backpapier streichen und im heißen Backofen 8 Minuten backen.

3 Den Biskuit auf ein Brett stürzen; sofort das Backpapier abziehen. Den Biskuit etwas abkühlen lassen. Mit Ausstechförmchen Herzen oder beliebige andere Motive ausstechen.

4 Während der Backzeit des Biskuits die Brühe in einem Topf erhitzen und mit Muskat würzen. Den Schnittlauch waschen und in Röllchen schneiden.

5 Die Brühe auf vorgewärmte Teller verteilen und die Biskuitherzen darauflegen. Alles mit Schnittlauch bestreuen und sofort servieren.

Ochsenschwanzsuppe unter der Haube

4 PORTIONEN

150 ML MADEIRA ODER PORTWEIN
1 STANGE SELLERIE
1 MÖHRE
800 ML KLARE OCHSENSCHWANZSUPPE (FERTIGPRODUKT) ODER RINDERBRÜHE
SALZ
FRISCH GEMAHLENER PFEFFER
1 FRÜHLINGSZWIEBEL
20 G EINGELEGTE SCHWARZE TRÜFFEL (GLAS)
125 G RINDERFILETSPITZEN, IN FEINE STREIFEN GESCHNITTEN
1 ROLLE BLÄTTERTEIG (275 G, KÜHLREGAL)
1 EIGELB

ZUBEREITUNGSZEIT 25 MINUTEN

1 Madeira oder Portwein in einem Topf erhitzen und offen bei starker Hitze 5 Minuten einkochen lassen.

2 In der Zwischenzeit die Selleriestange waschen und putzen, die Möhre putzen und schälen. Das Gemüse in feine Würfel schneiden.

3 Die Ochsenschwanzsuppe oder die Brühe zum Madeira gießen. Die Suppe aufkochen lassen, das Gemüse hinzufügen und 3 Minuten zugedeckt garen. Mit Salz und Pfeffer abschmecken.

4 In der Zwischenzeit den Backofen auf 220 °C vorheizen. Die Frühlingszwiebel waschen, putzen und in Ringe schneiden.

5 Die Trüffel in feine Scheiben hobeln. Diese mitsamt etwas Einweichflüssigkeit, den Rinderfiletstreifen und den Frühlingszwiebelringen auf vier ofenfeste Suppentassen verteilen.

6 Aus dem Blätterteig vier Kreise (die etwas größer als die Öffnungen der Suppentassen sind) ausschneiden. Die Suppe auf die Suppentassen verteilen; die Tassen mit dem Teig schließen, dabei die Ränder festdrücken.

7 Die Teigdeckel mit Eigelb bestreichen. Die Suppentassen für 10 Minuten in den heißen Ofen stellen, bis der Teig knusprig aufgegangen ist. Sofort servieren.

Brokkolisuppe mit Currysahne

5 PORTIONEN

2 EL MANDELBLÄTTCHEN
400 G BROKKOLI
4 EL ÖL
4 EL DINKELMEHL
300 ML MILCH
400 ML GEMÜSEBRÜHE
100 G SAHNE
½ TL MILDES CURRYPULVER
KRÄUTERSALZ
FRISCH GEMAHLENER PFEFFER
2 EL ZITRONENSAFT

ZUBEREITUNGSZEIT 25 MINUTEN

1 Die Mandelblättchen in einer Pfanne ohne Fett rösten. Vom Brokkoli die Röschen ablösen; diese waschen, putzen und in mundgerechte Stücke teilen. Den Strunk schälen und in Würfel schneiden.

2 Etwa 300 ml Wasser in einen Topf mit Dämpfeinsatz füllen. Brokkoliröschen und Strunkstückchen im Dämpfeinsatz in den Topf geben. Wasser aufkochen und den Brokkoli 10 Minuten im Dampf garen.

3 In der Zwischenzeit das Öl in einem zweiten Topf erhitzen. Das Dinkelmehl hineinrühren und darin kurz anschwitzen. Den Topf vom Herd nehmen.

4 Die Milch zum Mehl gießen und mit einem Schneebesen glatt rühren. Den Topf wieder auf den Herd stellen. Die Gemüsebrühe dazugießen. Alles erhitzen, dabei gelegentlich rühren, damit keine Klümpchen entstehen.

5 Den Dämpfeinsatz mit dem Brokkoli aus dem Topf heben; das Gemüse sofort mit kaltem Wasser abschrecken. Den Dämpfsud unter die Mehl-Brühe-Mischung rühren.

6 Die Flüssigkeit unter gelegentlichem Rühren 5 Minuten köcheln lassen. Währenddessen die Sahne mit dem Currypulver und etwas Kräutersalz steif schlagen.

7 Die Brokkoliröschen in die Flüssigkeit geben und heiß werden lassen. Alles mit dem Stabmixer pürieren und dabei cremig aufschlagen. Mit Kräutersalz, Pfeffer und Zitronensaft abschmecken.

8 Die Brokkolisuppe auf vorgewärmte Schalen oder Suppenteller verteilen. Mit der Currysahne garnieren und mit den Mandeln bestreuen. Sofort servieren.

Kräuterpfannkuchensuppe mit Salatstreifen

4 PORTIONEN

2 EL MEHL (20 G)
4 EL MILCH
2 EIER
1 BUND KRÄUTER (Z. B. PETERSILIE, SCHNITTLAUCH)
4 SALATBLÄTTER (Z. B. RADICCHIO, KOPFSALAT, CHICORÉE)
SALZ
FRISCH GEMAHLENER PFEFFER
1 EL ÖL
1 L HÜHNER- ODER GEMÜSEBRÜHE
FRISCH GERIEBENE MUSKATNUSS

ZUBEREITUNGSZEIT 20 MINUTEN

1 Mehl, Milch und Eier in einer Rührschüssel zu einem glatten Pfannkuchenteig verquirlen.

2 Die Kräuter waschen und fein hacken. Die Salatblätter ebenfalls waschen, mit Küchenpapier trocken tupfen und in Streifen schneiden. Die gehackten Kräuter sowie Salz und Pfeffer unter den Pfannkuchenteig rühren.

3 Das Öl in einer möglichst großen beschichteten Pfanne erhitzen. Den Kräuterteig hineingießen und zu einem Pfannkuchen backen.

4 Den Pfannkuchen auf einen Teller geben und abkühlen lassen. Wer keine große Pfanne hat, bäckt einfach zwei kleinere Pfannkuchen.

5 Die Brühe in einem Topf erhitzen; mit Pfeffer und Salz würzen. Den Pfannkuchen aufrollen und in 5 mm breite Streifen schneiden.

6 Zum Servieren etwas Muskatnuss direkt in vier Teller reiben. Die Pfannkuchenröllchen und die Salatstreifen darauf verteilen. Zum Schluss die kochend heiße Brühe in die Teller schöpfen; sofort servieren.

Clever vorbereitet

Gleich mehrere Pfannkuchen auf Vorrat backen und einfrieren. Vor der Verwendung auftauen lassen, aufschneiden und auf die Teller verteilen. Wichtig: die Pfannkuchen erst kurz vor dem Anrichten mit Brühe übergießen, damit sie nicht aufquellen.

Pikante Weinsuppe mit Zimt-Croûtons

4 PORTIONEN

2 SCHEIBEN TOASTBROT
750 ML HÜHNERBRÜHE
250 ML TROCKENER, KRÄFTIGER WEISSWEIN (Z. B. GEWÜRZTRAMINER, GRAUER BURGUNDER)
1 EL BUTTER
125 G SAHNE
2 EL SPEISESTÄRKE
¼ TL GEMAHLENER ZIMT
SALZ
FRISCH GEMAHLENER PFEFFER
FRISCH GERIEBENE MUSKATNUSS
2 EIGELBE

ZUBEREITUNGSZEIT 15 MINUTEN

1 Vom Toastbrot die Rinde abschneiden und das Brot in Würfel schneiden. Die Hühnerbrühe und den Wein in einem Topf erhitzen und offen bei starker Hitze 5 Minuten kochen lassen.

2 Währenddessen die Butter in einer Pfanne zerlassen und die Brotwürfel darin unter gelegentlichem Wenden knusprig braten.

3 Die Sahne und die Speisestärke in einer Tasse verquirlen, die Mischung in die Suppe rühren und das Ganze unter Rühren 1 Minute kochen lassen.

4 Die Toastbrotwürfel mit Zimt würzen. Die Suppe mit Salz, Pfeffer und Muskat abschmecken. Die Hitze herunterschalten und die Eigelbe mit einem Schneebesen in die Suppe einrühren. (Die Suppe auf keinen Fall mehr aufkochen.)

5 Die Suppe mit einem Schneebesen schaumig aufschlagen und auf vorgewärmte Suppenteller oder -schalen verteilen. Mit den Zimt-Croûtons bestreuen und sofort servieren.

Tipp

Als Begleiter zu der Suppe bietet sich der Wein an, den Sie auch für die Zubereitung der Suppe verwendet haben.

Französische Zwiebelsuppe

4 PORTIONEN

400 G GROSSE ZWIEBELN
1 KNOBLAUCHZEHE
1 EL BUTTER
½ TL KÜMMELSAMEN
2 EL MEHL
1 L RINDERBRÜHE
250 ML TROCKENER WEISSWEIN
(Z. B. RIESLING)
4 SCHEIBEN WEISS- ODER TOASTBROT
SALZ
FRISCH GEMAHLENER PFEFFER
FRISCH GERIEBENE MUSKATNUSS
2 EL OLIVENÖL
100 G GERIEBENER GRUYÈRE ODER
EMMENTALER

ZUBEREITUNGSZEIT 30 MINUTEN

1 Die Zwiebeln schälen und in feine Ringe hobeln oder schneiden. Knoblauchzehe schälen und fein hacken. Die Butter in einem Topf erhitzen, Zwiebelringe und Knoblauch hineingeben und darin glasig werden lassen. Den Kümmel dazugeben, alles mit Mehl bestäuben und 1 Minute anschwitzen.

2 Die Rinderbrühe und den Weißwein dazugießen, unter Rühren aufkochen und 10 Minuten köcheln lassen, dabei gelegentlich umrühren.

3 Den Grill oder den Backofen auf 250 °C vorheizen. Die Brotscheiben im Toaster rösten. Die Suppe mit Salz, Pfeffer und Muskat abschmecken.

4 Jede Brotscheibe diagonal in vier Stücke teilen. Die Suppe auf ofenfeste Suppentassen verteilen und mit dem Brot bedecken. Das Brot mit dem Olivenöl beträufeln und mit dem Käse bestreuen; etwa 5 Minuten im heißen Ofen goldbraun überbacken. Sofort servieren.

Kastaniencremesuppe mit Rehrücken

4 PORTIONEN

1 ZWIEBEL
2 EL BUTTER
400 G GEGARTE GESCHÄLTE MARONEN (ESSKASTANIEN, IM VAKUUM)
800 ML WILDFOND (GLAS)
200 G SAHNE
SALZ
FRISCH GEMAHLENER PFEFFER
1 TL GEMAHLENER ZIMT
250 G REHRÜCKENFILET
KRESSE UND PREISELBEEREN ZUM GARNIEREN

ZUBEREITUNGSZEIT 15 MINUTEN

1 Die Zwiebel schälen und klein würfeln. 1 EL Butter in einem Topf erhitzen und die Zwiebelwürfel mit den Maronen darin in etwa 2 Minuten glasig dünsten.

2 Den Wildfond und die Sahne dazugießen und alles zum Kochen bringen. Die Suppe cremig pürieren und mit Salz, Pfeffer und ½ TL Zimt abschmecken.

3 Das Rehrückenfilet trocken tupfen und in feine Streifen schneiden. Die restliche Butter (1 EL) in einer Pfanne erhitzen und die Rehrückenstreifen etwa 1 Minute darin unter Wenden braten; mit Salz, Pfeffer und dem restlichen Zimt (½ TL) würzen.

4 Die Suppe kurz mit dem Stabmixer aufschäumen und auf vier Suppenteller verteilen. Die Rehstreifen daraufgeben und die Suppe mit Kresse und Preiselbeeren garnieren; sofort servieren.

Fenchel-Safran-Suppe mit Flusskrebsen

4 PORTIONEN

500 G FENCHELKNOLLEN MIT GRÜN
1 EL OLIVENÖL
1 KNOBLAUCHZEHE, FEIN GEHACKT
1 TL FENCHELSAMEN (NACH BELIEBEN), IM MÖRSER ZERSTOSSEN
1 ZUCCHINI, IN WÜRFEL GESCHNITTEN
75 G REIS
1 MSP. CHILIFLOCKEN
750 ML GEMÜSEBRÜHE, MEHR NACH BEDARF
1 BRIEFCHEN SAFRAN (0,1 G)
2 EL SAHNE
125 G FLUSSKREBSSCHWÄNZE
SAFT VON ½ ZITRONE
FRISCH GEMAHLENER PFEFFER
SALZ

ZUBEREITUNGSZEIT 50 MINUTEN

1 Fenchelknollen putzen und in Streifen schneiden. Das Grün beiseitelegen. Öl in einem Topf erhitzen, Knoblauch zugeben und weich dünsten. Fenchelsamen unterrühren, dann Fenchelstreifen, Zucchiniwürfel, Reis und Chili zugeben. Alles kurz unter Rühren dünsten. Die Brühe angießen und alles aufkochen. Zugedeckt 20 Minuten köcheln lassen.

2 Inzwischen den Safran mit der Sahne verrühren und beiseitestellen. Flusskrebsschwänze kalt abspülen und trocken tupfen. Mit Zitronensaft und Pfeffer mischen; beiseitestellen.

3 Safransahne in die Suppe rühren. Die Suppe mit dem Stabmixer grob pürieren, falls nötig, mit etwas Brühe verdünnen. Mit Salz und Pfeffer abschmecken. Auf Suppenschalen verteilen, mit Krebsschwänzen und Fenchelgrün garnieren; sofort servieren.

Salat mit Spargel und Erdbeeren

4 PORTIONEN

1 KOPF GRÜNER SALAT (Z. B. FRISÉE)
350 G ERDBEEREN
200 G DÜNNE STANGEN WEISSER SPARGEL
3 EL WEISSER BALSAMICO-ESSIG
SALZ
1 TL ABGERIEBENE SCHALE VON EINER UNBEHANDELTEN LIMETTE
FRISCH GEMAHLENER PFEFFER
6 EL SONNENBLUMENÖL
ZUCKER ODER HONIG
2 EL GEHACKTE PISTAZIEN

ZUBEREITUNGSZEIT 20 MINUTEN

1 Vom Kopfsalat die Blätter ablösen, waschen, trocken schleudern und nach Belieben zerkleinern. Den Blattsalat in eine große Salatschüssel füllen.

2 Die Erdbeeren kurz waschen; abtropfen lassen und mit Küchenpapier trocken tupfen. Die Stiele entfernen. Die Erdbeeren vierteln und zum Salat geben.

3 Den Spargel nur an den Köpfen waschen, die Stangen von den Köpfen zum unteren Ende hin schälen und schräg in kurze Stücke schneiden. Die Spargelstücke zu Salat und Erdbeeren in die Schüssel geben.

4 Den Balsamico-Essig mit 2–3 Prisen Salz, der Limettenschale und etwas Pfeffer verrühren. Das Öl darunterschlagen. Die Vinaigrette mit Zucker oder Honig abschmecken und unter den Salat heben. Den Salat auf Portionsteller verteilen, mit den gehackten Pistazien bestreuen und sofort servieren.

Eichblattsalat mit Joghurt-Senf-Dressing

4 PORTIONEN

150 G SAURE SAHNE
SAFT VON ½ ZITRONE
2 EL SÜSSER SENF
SALZ
FRISCH GEMAHLENER PFEFFER
2 EL SONNENBLUMENÖL
1 KLEINER EICHBLATTSALAT
5 FRÜHLINGSZWIEBELN
½ SALATGURKE
200 G ROTE UND GELBE COCKTAILTOMATEN

ZUBEREITUNGSZEIT 20 MINUTEN

1 Für das Dressing saure Sahne, Zitronensaft, süßen Senf, Salz, Pfeffer und Öl in einen Rührbecher geben und mit dem Stabmixer schaumig aufschlagen; alternativ kann man die Dressing-Zutaten auch mit einem kleinen Schneebesen kräftig verrühren.

2 Vom Eichblattsalat die Blätter ablösen. Waschen, trocken schleudern, in Stücke zupfen und in eine große Schüssel geben. Das Dressing hinzufügen und gründlich untermischen. Den Salat auf vier tiefe Teller verteilen.

3 Die Frühlingszwiebeln putzen, waschen und in etwa 2 cm breite Stücke schneiden. Die Gurkenhälfte schälen und längs vierteln; die Viertel in dünne Scheiben schneiden.

4 Die Cocktailtomaten waschen, trocken reiben und halbieren. Frühlingszwiebeln, Gurkenstücke und Tomaten auf die Salatportionen verteilen und locker unterheben. Sofort servieren.

Alternative

Statt süßen Senf zu verwenden, können Sie 2 EL mittelscharfen Senf nach Geschmack mit Honig süßen; oder Sie probieren einmal einen fruchtigen Senf, z. B. Orangensenf.

Blattsalate mit Steakstreifen

4 PORTIONEN

2 RINDERSTEAKS
(AUS DER HÜFTE, JE ETWA 200 G)
5 EL SONNENBLUMENÖL
1 KLEINE ROTE ZWIEBEL
150 G BLATTSALATMISCHUNG
(Z. B. RADICCHIO, ENDIVIE UND ROTE-BETE-BLÄTTER)
4 EL WEISSER BALSAMICO-ESSIG
1 TL KÖRNIGER SENF
200 G SAHNE
1 EL SOJASOSSE
KNOBLAUCHPULVER

ZUBEREITUNGSZEIT 25 MINUTEN

1 Den Backofen auf 80 °C vorheizen. Die Steaks mit 1 EL Öl einpinseln; auf einen Teller legen, locker mit Alufolie bedecken und beiseitestellen.

2 Die Zwiebel schälen und halbieren, die Hälften in Streifen schneiden und mit den Salatblättern in eine Schüssel geben.

3 Für die Vinaigrette das restliche Öl (4 EL) mit Balsamico-Essig und Senf in ein Schraubdeckelglas geben. Das Glas fest verschließen und kräftig schütteln. Die Vinaigrette zu Salat und Zwiebel geben. Alles sorgfältig mischen; auf Teller verteilen.

4 Eine beschichtete Pfanne bei mittlerer bis starker Hitze heiß werden lassen. Die Steaks darin pro Seite 3 Minuten braten; herausnehmen, locker in Alufolie hüllen und im Backofen warm halten.

5 Die Sahne in die Pfanne geben. Sojasoße und 1 Msp. Knoblauchpulver untermischen. Die Sahnemischung unter Rühren in 2 Minuten cremig einkochen lassen; vom Herd nehmen.

6 Die Steaks aus dem Ofen nehmen; eventuell ausgetretenen Fleischsaft unter die Soße rühren. Das Fleisch in Scheiben schneiden und diese auf den Salatportionen anrichten. Die Soße darüberträufeln und das Ganze sofort servieren.

Feldsalat mit Pfifferlingen und Speck

4 PORTIONEN

200 G FRÜHSTÜCKSSPECK (BACON) IN STREIFEN (KÜHLREGAL)
100 G ABGETROPFTE PFIFFERLINGE (GLAS)
200 G FELDSALAT
2 EL WEISSER BALSAMICO-ESSIG
1 TL BIRNENDICKSAFT
SALZ
GEMAHLENER ROSMARIN
FRISCH GEMAHLENER PFEFFER
4 EL RAPSÖL

ZUBEREITUNGSZEIT 20 MINUTEN

1 Die Speckstreifen in einer Pfanne zuerst bei starker Hitze braten, bis die Flüssigkeit in der Pfanne verdampft ist, anschließend bei mittlerer Hitze weiterbraten, bis sie gebräunt sind.

2 Die abgetropften Pfifferlinge unter den Speck mischen und kurz mitbraten. Speck und Pilze auf einem Teller etwas abkühlen lassen.

3 Den Feldsalat waschen, falls nötig von Wurzeln oder Wurzelenden befreien. Anschließend trocken schleudern und in eine große Salatschüssel geben.

4 Den Balsamico-Essig mit dem Birnendicksaft sowie 2 Prisen Salz, 3 Prisen Rosmarin und etwas Pfeffer verrühren. Das Öl darunterschlagen. Zuerst die Vinaigrette über den Feldsalat träufeln und daruntermischen, dann Speck und Pilze unter den Salat heben.

Eichblattsalat mit Feigen und Parmaschinken

4 PORTIONEN

1 GROSSER EICHBLATTSALAT
2 EL ORANGENSAFT
1 TL BALSAMICO-ESSIG
1 TL KÖRNIGER SENF
½ TL ABGERIEBENE SCHALE VON
1 UNBEHANDELTEN ORANGE
SALZ
5 EL OLIVENÖL
100 G PARMASCHINKEN, IN NICHT ZU
DÜNNE SCHEIBEN GESCHNITTEN
16 BASILIKUMBLÄTTER
4 REIFE FEIGEN
40 G PARMESAN AM STÜCK

ZUBEREITUNGSZEIT 20 MINUTEN

1 Vom Salatkopf den Strunk vorsichtig herausdrehen. Die Blätter waschen, trocken schleudern und in eine Schüssel geben.

2 In einem Schälchen oder einer Tasse den Orangensaft mit dem Balsamico-Essig, dem Senf, der Orangenschale und 2 Prisen Salz verrühren. Das Öl kräftig darunterschlagen.

3 Die Vinaigrette auf die Salatblätter träufeln und behutsam untermischen. Den Salat auf vier Teller verteilen.

4 Die Schinkenscheiben in etwa fingerbreite und die Basilikumblätter in feine Streifen schneiden.

5 Die Feigen längs vierteln. Die Viertel nach Belieben mit einem Messer zwischen Schale und Fruchtfleisch einschneiden, damit sich das Fruchtfleisch beim Essen leichter ablösen lässt.

6 Schinken und Basilikum auf die Salatportionen streuen, die Feigen zum Salat anrichten und den Parmesan in Spänen über Feigen und Salat hobeln.

Fenchel-Grapefruit-Salat im Radicchioblatt

4 PORTIONEN

25 G PINIENKERNE
600 G FENCHEL MIT GRÜN
2 ROSA GRAPEFRUITS
SALZ
FRISCH GEMAHLENER PFEFFER
1 EL APFEL- ODER BIRNENDICKSAFT
4 EL OLIVENÖL
4 SCHÖNE GROSSE RADICCHIOBLÄTTER

ZUBEREITUNGSZEIT 25 MINUTEN

1 Die Pinienkerne in einer Pfanne ohne Fett rösten; abkühlen lassen. Inzwischen den Fenchel putzen, waschen und mit Küchenpapier trocken tupfen.

2 Fenchelknollen halbieren oder vierteln, dabei den Strunk herausschneiden. Etwas Fenchelgrün beiseitelegen. Die Knollen hobeln; in eine Schüssel geben.

3 Die Grapefruits mit einem scharfen Messer so dick schälen, dass die weiße Haut mit entfernt wird. Die Fruchtfilets über einem Teller aus den Zwischenhäuten herauslösen und nach Belieben in mundgerechte Stücke schneiden.

4 Die Grapefruitfilets zum Fenchel in die Schüssel geben. 4 EL vom aufgefangenen Grapefruitsaft für die Vinaigrette in ein Glas oder ein Schälchen geben.

5 Den Grapefruitsaft mit 2–3 Prisen Salz, etwas Pfeffer, dem Fruchtdicksaft und dem Olivenöl verrühren. Fenchelstreifen und Grapefruitstückchen mit der Vinaigrette vermischen.

6 Die Radicchioblätter jeweils mittig auf vier flache Teller legen. Den Salat darauf anrichten. Mit den gerösteten Pinienkernen und Fenchelgrün bestreuen; sofort z. B. als Vorspeise servieren.

Festtagssalat mit Schweinebraten

4 PORTIONEN

150 G RUCOLA
40 G PINIENKERNE
2 ÄPFEL (Z. B. ELSTAR)
1 EL BUTTER
40 G PFLAUMEN-FRUCHTAUFSTRICH
2 EL BALSAMICO-ESSIG
½ TL MITTELSCHARFER SENF
2 EL WALNUSSÖL
GEMAHLENER ZIMT
SALZ
GROB GEMAHLENER PFEFFER
200 G SCHWEINEBRATEN,
IN DÜNNE SCHEIBEN GESCHNITTEN

ZUBEREITUNGSZEIT 20 MINUTEN

1 Rucola waschen, trocken schleudern und in mundgerechte Stücke zupfen. Auf vier Teller verteilen. Die Pinienkerne in einer beschichteten Panne goldgelb rösten; auf einem Teller beiseitestellen.

2 Die Äpfel waschen und abtrocknen. Die Kerngehäuse herausstechen und die Äpfel in dünne Ringe schneiden. Die Butter in der Pfanne erhitzen und die Apfelringe darin nebeneinander bei mittlerer Hitze auf beiden Seite kurz braten. Herausheben und auf einem Teller etwas abkühlen lassen.

3 Für die Salatsoße den Fruchtaufstrich mit dem Balsamico-Essig, dem Senf und dem Öl verrühren. Mit Zimt, Salz und Pfeffer abschmecken.

4 Die Apfelringe, die Bratenscheiben und den Rucola auf Tellern anrichten. Die Pinienkerne darüberstreuen und die Salatportionen mit der Salatsoße beträufeln.

Clever vorbereitet

Diesen Salat können Sie gut als Vorspeise für ein festliches Menü einplanen. Die Zutaten lassen sich einzeln gut vorbereiten (die Apfelringe sollten Sie jedoch erst kurz vor der Fertigstellung braten). Vor dem Servieren ist der Salat dann schnell auf den Tellern angerichtet.

HAUPTGERICHTE MIT FLEISCH, FISCH, WILD UND GEFLÜGEL

Fasanenbrüstchen mit Pfifferlingen

4 PORTIONEN

400 G PFIFFERLINGE, GEPUTZT
1 EL BUTTER
4 SCHALOTTEN, FEIN GEWÜRFELT
1 BUND PETERSILIE, FEIN GEHACKT
SALZ
FRISCH GEMAHLENER PFEFFER
2 TOASTBROTSCHEIBEN
4 FASANENBRÜSTCHEN (AUSGELÖST)
1 EL ÖL
150 ML GEFLÜGELFOND (GLAS) ODER HÜHNERBRÜHE
100 G CRÈME LÉGÈRE
200 G REIS, GEKOCHT

ZUBEREITUNGSZEIT 45 MINUTEN

1 Eine beschichtete Pfanne heiß werden lassen. Die Pfifferlinge hineingeben und braten, bis die ausgetretene Flüssigkeit verdampft ist.

2 Butter zu den Pilzen geben. Dann die Schalotten zufügen und glasig dünsten. Nun die Petersilie untermischen; mit Salz und Pfeffer würzen. Die Hälfte der Pilzmischung in eine Schüssel geben und abkühlen lassen.

3 Den Backofen auf 180 °C vorheizen. Brotscheiben entrinden, dann zerbröckeln und mit den Pilzen in der Schüssel mischen.

4 Fasanenbrüstchen auf beiden Seiten mit Salz und Pfeffer würzen. Öl in einem Bräter erhitzen, die Fasanenbrüstchen darin 2 Minuten anbraten. Anschließend die Pilz-Toast-Mischung darauf verteilen; im Backofen etwa 15 Minuten überbacken.

5 Fond oder Brühe sowie Crème légère zu den Pfifferlingen in der Pfanne geben, erhitzen und etwas einkochen lassen. Die Soße mit Salz und Pfeffer abschmecken. Reis und Soße zu den Fasanenbrüstchen reichen.

Putenroulade mit Frühlingskräutern

8 PORTIONEN

1 PUTENBRUSTFILET (1,5 KG), ZU EINER GROSSEN ROULADE GESCHNITTEN
SALZ
FRISCH GEMAHLENER PFEFFER
JE 1 BUND SAUERAMPFER, KERBEL, PETERSILIE, DILL, SCHNITTLAUCH, RUCOLA UND BASILIKUM, GEHACKT
1 KNOBLAUCHZEHE, DURCH DIE PRESSE GEDRÜCKT
80 G ALTER GOUDA, GERIEBEN
4 EL OLIVENÖL
1,5 L GEMÜSEBRÜHE
500 ML TROCKENER WEISSWEIN
1 KRÄUTERSTRÄUSSCHEN (JE 3 ZWEIGE THYMIAN UND MAJORAN, 1 ZWEIG ROSMARIN)
1 TL PFEFFERKÖRNER
2 LORBEERBLÄTTER
250 G FETTARMER JOGHURT
200 G SAURE SAHNE
1 TL MITTELSCHARFER SENF
1 EL ZITRONENSAFT

ZUBEREITUNGSZEIT 120 MINUTEN

1 Die Putenbrust auf einer Arbeitsfläche ausbreiten, mit Salz und Pfeffer bestreuen. Die Hälfte der Kräuter, Knoblauch, Käse und 2 EL Olivenöl gründlich mischen, die Fleischscheibe damit bestreichen. Aufrollen und mit Küchengarn umwickeln.

2 Die Brühe mit Wein, Kräutersträußchen und Gewürzen aufkochen. Die Roulade hineinlegen und zugedeckt bei schwacher Hitze in 1½ Stunden gar ziehen lassen.

3 Für die Soße den Joghurt und die saure Sahne in den Mixer geben. Zwei Drittel der restlichen gehackten Kräuter zufügen und alles fein pürieren. Die Soße in eine Schüssel füllen. Mit Salz, Pfeffer, Senf und Zitronensaft abschmecken. Zudecken und bis zum Servieren kalt stellen.

4 Die Putenbrustroulade aus der Brühe nehmen und trocken tupfen. Mit 2 EL Olivenöl bestreichen. Die restlichen Kräuter auf die Roulade streuen und etwas andrücken. Die Putenroulade in Scheiben schneiden und mit der Soße servieren.

Putenbrust mit Apfelfüllung und Orangen

6 PORTIONEN

1 GANZE PUTENBRUST MIT KNOCHEN (CA. 1,5 KG)
½ TL SALZ
FRISCH GEMAHLENER PFEFFER
2 STANGEN SELLERIE IN 2,5 CM GROSSEN STÜCKEN
2 GROSSE ÄPFEL, GESCHÄLT, IN DÜNNEN SCHEIBEN
1 GROSSE ZWIEBEL IN DÜNNEN SCHEIBEN
5 ZWEIGE FRISCHER PLUS 1 TL GEHACKTER THYMIAN
120 G BITTERE ORANGENMARMELADE MIT WENIG ZUCKER, ERWÄRMT
500 ML APFELSAFT
120 ML TROCKENER WEISSWEIN, APFELSAFT ODER CIDRE

ZUBEREITUNGSZEIT 90 MINUTEN PLUS ZEIT ZUM STEHENLASSEN

1 Den Backofen auf 180 °C vorheizen. Die Pute abspülen, mit Küchenkrepp trocken tupfen. Mit Salz und Pfeffer einreiben.

2 Sellerie, die Hälfte der Äpfel und der Zwiebel sowie 3 Zweige Thymian in der Mitte des Bräters aufeinandertürmen. 60 g Marmelade, den gehackten Thymian sowie die zweite Äpfel- und Zwiebelhälfte in einer Schüssel mischen. Die eine Hälfte davon unter die Haut der Pute geben, die zweite unter den Hautlappen am Hals füllen.

3 Pute auf die Apfel-Gemüse-Mischung im Bräter legen. Dünn mit Fett (vorzugsweise Olivenöl) einpinseln. Mit 2 Thymianzweigen belegen. Apfelsaft in den Bräter gießen. 1 Stunde im Ofen braten. Thymianzweige entfernen und die Pute mit 2 EL Marmelade bestreichen. Etwa 15 weitere Minuten braten, bis sie goldbraun ist und ein in den dicksten Bratenteil geschobenes Thermometer 75 °C anzeigt (darf nicht an Knochen stoßen). Dabei immer wieder mit Marmelade bestreichen. 10 Minuten stehen lassen, damit sich die Säfte verteilen.

4 Pute auf einer Servierplatte anrichten. Wein unter Apfel-Gemüse-Mischung im Bräter rühren (nicht passieren). Bei mittelstarker Hitze aufkochen. Kochen, bis die Soße auf die Hälfte reduziert ist. Dabei braune Teilchen mit einem Holzlöffel vom Boden schaben. Apfel-Gemüse-Mischung neben dem Braten anrichten.

Hähnchen-Cassoulet

4 PORTIONEN

600 G HÄHNCHENUNTERSCHENKEL
SALZ
FRISCH GEMAHLENER PFEFFER
100 G DURCHWACHSENER SPECK
IN DÜNNEN SCHEIBEN
2 DOSEN WEISSE BOHNEN
(ABTROPFGEWICHT JEWEILS 250 G)
2 DOSEN GEHACKTE TOMATEN (JE 400 G)
4 EL OLIVENÖL
100 ML TROCKENER WEISSWEIN
(Z. B. GRÜNER VELTLINER)
200 G TK-SUPPENGEMÜSE
2 TL GETROCKNETES BOHNENKRAUT
4 EL SEMMELBRÖSEL

ZUBEREITUNGSZEIT 55 MINUTEN

1 Den Backofen auf 200 °C vorheizen. Die Hähnchenunterschenkel trocken tupfen, kräftig salzen und pfeffern. Den Speck quer in schmale Streifen schneiden. Die Bohnen in ein Sieb abgießen, abspülen und kurz abtropfen lassen.

2 Speck, Bohnen, Tomaten, 2 EL Olivenöl, Weißwein, gefrorenes Suppengemüse und das Bohnenkraut in einer großen Auflaufform mischen; alles salzen und pfeffern.

3 Die Hähnchenunterschenkel in die Gemüse-Speck-Mischung setzen und das Cassoulet im heißen Backofen (Mitte) etwa 45 Minuten garen.

4 Das Gericht 10 Minuten vor Ende der Garzeit mit den Semmelbröseln bestreuen und mit dem restlichen Olivenöl beträufeln, damit sich eine schöne Kruste bildet.

Alternative

Wer kein Bohnenkraut griffbereit hat, würzt das Cassoulet mit getrocknetem Oregano, Thymian oder Kräutern der Provence.

Stubenküken mit Tomaten-Artischocken

4 PORTIONEN

150 G GRÜNE OLIVEN (OHNE STEIN)
8 EL OLIVENÖL
ABGERIEBENE SCHALE VON
1 UNBEHANDELTEN ZITRONE
SALZ
FRISCH GEMAHLENER PFEFFER
4 STUBENKÜKEN (JE 300–400 G)
500 G COCKTAIL- ODER DATTELTOMATEN
2 KNOBLAUCHZEHEN
3 EL ROHROHRZUCKER
4 EL BALSAMICO-ESSIG
2 DOSEN ARTISCHOCKENHERZEN
(ABTROPFGEWICHT JEWEILS 240 G)
½ BUND BASILIKUM

ZUBEREITUNGSZEIT 50 MINUTEN

1 Den Backofen auf 200 °C vorheizen. 8 Oliven mit 4 EL Olivenöl, Zitronenschale, Salz und Pfeffer im Blitzhacker oder mit dem Stabmixer fein pürieren.

2 Die Stubenküken innen und außen waschen, trocken tupfen und mit der Olivenpaste einreiben bzw. bestreichen. Mit den Brustseiten nach unten auf ein Backblech oder in eine große Form setzen und im heißen Ofen (Mitte) etwa 35 Minuten garen. Nach 15 Minuten die Küken wenden.

3 Inzwischen die Tomaten waschen. In einer Pfanne 2 EL Olivenöl erhitzen und die Tomaten darin 2 Minuten braten. Knoblauch schälen, in Scheiben schneiden und zu den Tomaten geben. Alles mit dem Zucker bestreuen, leicht karamellisieren lassen und dann mit dem Essig ablöschen. Die Tomaten in der Pfanne ziehen lassen.

4 Die Artischockenherzen in einem Sieb abtropfen lassen. Anschließend vierteln und mit dem restlichen Olivenöl (2 EL) zu den Tomaten geben.

5 Basilikum waschen, Blätter abzupfen, in Streifen schneiden und mit den übrigen Oliven (etwa 100 g) unter den Tomaten-Artischocken-Salat mischen.

6 Den Tomaten-Artischocken-Salat mit Salz und Pfeffer abschmecken. Die Küken aus dem Ofen nehmen und mit dem lauwarmen Salat anrichten.

Rosa gebratene Entenbrust mit Birnensenf

4 PORTIONEN

2 ENTENBRUSTFILETS (JE ETWA 300 G)
2 GROSSE BIRNEN (Z. B. ABATE FETEL)
1 SCHALOTTE
1 TL SENFSAMEN
2 EL ROHROHRZUCKER, MEHR ZUM ABSCHMECKEN
1 STERNANIS
2 GEWÜRZNELKEN
50 ML BIRNEN- ODER APFELSAFT
SALZ
FRISCH GEMAHLENER PFEFFER
1 EL DIJONSENF MIT HONIG
AUSSERDEM: ALUFOLIE

ZUBEREITUNGSZEIT 30 MINUTEN

1 Die Entenbrustfilets trocken tupfen. Die Haut mit einem scharfen Messer bis zum Fleisch rautenförmig einschneiden. Filets mit der Hautseite nach unten in eine kalte Pfanne legen. Bei mittlerer Hitze in etwa 15 Minuten knusprig braten, wenden und noch etwa 7 Minuten auf der Fleischseite braten.

2 Inzwischen für den Birnensenf die Birnen schälen, vierteln, von den Kerngehäusen befreien und würfeln. Die Schalotte schälen und ebenfalls würfeln.

3 Birnen- und Schalottenwürfel mit Senfsamen, Zucker, Sternanis, Nelken und Saft in einem Topf zum Kochen bringen; zugedeckt 5 Minuten köcheln, bis die Birnen weich sind.

4 Die Entenbrüste salzen, pfeffern und in Alufolie wickeln; ein paar Minuten ruhen lassen. Währenddessen Sternanis und Nelken aus dem Topf entfernen. Die Birnen mit einer Gabel oder dem Stabmixer zermusen; mit Salz, Pfeffer, Senf und Zucker abschmecken. In ein Schälchen füllen und abkühlen lassen.

5 Die Entenbrüste schräg in dünne Scheiben schneiden und mit dem Birnensenf auf Tellern anrichten.

Straußensteaks mit gebratener Ananas

4 PORTIONEN

4 STRAUSSENSTEAKS (JE ETWA 125 G)
4 EL SÜSS-SCHARFE CHILISOSSE, MEHR ZUM SERVIEREN
1 ANANAS (ETWA 1,5 KG)
3 EL ERDNUSSÖL
SALZ
2 EL BUTTER
4 EL AHORNSIRUP
AUSSERDEM: ALUFOLIE

ZUBEREITUNGSZEIT 25 MINUTEN

1 Die Steaks trocken tupfen und in einer Schüssel in der Chilisoße wenden; bis zur weiteren Verwendung ziehen lassen.

2 Den Schopf von der Ananas abschneiden. Die Frucht dick schälen und längs halbieren; den harten Strunk aus den Hälften herausschneiden und das Fruchtfleisch quer in etwa 1 cm breite Scheiben schneiden.

3 Das Öl in einer großen Pfanne erhitzen. Die Steaks darin bei starker Hitze auf jeder Seite 2 Minuten kräftig braten. Salzen; aus der Pfanne nehmen, in Alufolie wickeln und ruhen lassen.

4 Die Butter in der Pfanne erhitzen. Die Ananasscheiben dazugeben und mit dem Ahornsirup beträufeln. Bei mittlerer Hitze etwa 3 Minuten unter ständigem Wenden braten und leicht karamellisieren lassen.

5 Die Steaks mit den Ananasscheiben auf Tellern anrichten und mit süß-scharfer Chilisoße servieren.

Das schmeckt dazu

In Spalten geschnittene Süßkartoffeln mit Erdnussöl, Chiliflocken und Salz mischen. Auf ein Backblech geben und im 200 °C heißen Ofen (Mitte) etwa 20 Minuten backen, dabei immer wieder wenden. 2 Minuten vor Ende der Backzeit gehackte gesalzene Erdnusskerne darüberstreuen und mitrösten.

Hirschgeschnetzeltes mit Steinpilzen

4 PORTIONEN

500 G HIRSCHFLEISCH (KEULE), IN SCHMALE STREIFEN GESCHNITTEN
300 G STEINPILZE
2 EL BUTTERSCHMALZ
SALZ
FRISCH GEMAHLENER PFEFFER
½ –1 TL LEBKUCHENGEWÜRZ
1 EL MEHL
200 ML TROCKENER ROTWEIN

ZUBEREITUNGSZEIT 25 MINUTEN

1 Die Fleischstreifen trocken tupfen. Die Steinpilze putzen und in mundgerechte Stücke schneiden.

2 Das Butterschmalz in einer Pfanne erhitzen und die Fleischstreifen darin bei starker Hitze etwa 2 Minuten unter Wenden braten. Die Pilze dazugeben und alles noch 3 Minuten braten.

3 Fleisch und Pilze mit Salz, Pfeffer und Lebkuchengewürz würzen; alles mit dem Mehl bestäuben. Den Rotwein dazugießen und das Geschnetzelte bei schwacher bis mittlerer Hitze offen 5–10 Minuten dicklich einköcheln lassen. Vor dem Servieren das Gericht mit Salz, Pfeffer und Lebkuchengewürz abschmecken.

Das schmeckt dazu

Bissfest gegarte Minimöhren etwa 5 Minuten in 1 TL Öl und 1 TL Honig in einer Pfanne bei mittlerer Hitze schwenken, um sie zu glasieren; salzen und pfeffern. Auch Preiselbeeren aus dem Glas passen sehr gut zum Geschnetzelten. Kartoffelklöße oder Salzkartoffeln runden das Gericht perfekt ab.

Rehrücken mit Pfefferkruste

4 PORTIONEN

500 G REHRÜCKENFILETS
(AUSGELÖSTER REHRÜCKEN)
2 EL ÖL
2 TL BUNTE PFEFFERKÖRNER
25 G GRISSINI
100 G WEICHE BUTTER
2 TL DIJONSENF MIT HONIG
SALZ
250 ML ROTWEIN
30 G EISKALTE BUTTER IN STÜCKCHEN
1 MSP. GEMAHLENER ZIMT
FRISCH GEMAHLENER PFEFFER

ZUBEREITUNGSZEIT 20 MINUTEN

1 Den Backofengrill vorheizen. Eine ofenfeste Form mit in den Ofen stellen und vorwärmen. Die Rehrückenfilets trocken tupfen.

2 Das Öl in einer Pfanne erhitzen und das Rehfleisch darin in etwa 5 Minuten rundherum kräftig anbraten.

3 Inzwischen die Pfefferkörner im Mörser grob zerstoßen. Die Grissini in einen Gefrierbeutel geben und mit dem Fleischklopfer oder der Teigrolle fein zerbröseln.

4 Die Butter mit den Grissinibröseln, dem zerstoßenen Pfeffer sowie Senf und etwas Salz zu einer cremigen Masse rühren.

5 Die Rehrückenfilets salzen und in die vorgewärmte Form legen. Die Grissini-Butter-Masse auf dem Fleisch verteilen und glatt streichen. Im heißen Ofen (2. Schiene von oben) etwa 5 Minuten übergrillen, bis die Kruste leicht gebräunt ist.

6 Inzwischen den Bratsatz in der Pfanne mit dem Rotwein ablöschen und die Sauce einmal aufkochen lassen. Die eiskalte Butter darunterschlagen, um die Soße ein wenig zu binden. Die Soße mit Zimt, Salz und Pfeffer abschmecken.

Rehmedaillons mit Espresso-Walnuss-Kruste

4 PORTIONEN

50 G WEICHE BUTTER
3 EL SEMMELBRÖSEL
50 ML FRISCH GEBRÜHTER ESPRESSO
3 EL GEHACKTE WALNUSSKERNE
2 GROB ZERSTOSSENE ESPRESSOBOHNEN (NACH BELIEBEN)
SALZ
FRISCH GEMAHLENER PFEFFER
12 REHMEDAILLONS (JE 50 G)
2 EL BUTTERSCHMALZ
100 ML ROTWEIN
2 EL HONIG, MEHR ZUM ABSCHMECKEN

ZUBEREITUNGSZEIT 20 MINUTEN

1 Den Backofengrill auf höchster Stufe vorheizen. Die Butter mit Semmelbröseln, 2–3 TL Espresso, den Walnüssen, den Espressobohnen (nach Belieben) sowie Salz und Pfeffer in einer Schüssel mit einer Gabel vermischen. Die Espresso-Nuss-Butter auf Frischhaltefolie zu einer dünnen Rolle formen, in die Folie wickeln und ins Tiefkühlfach legen.

2 Die Rehmedaillons trocken tupfen. Das Butterschmalz in einer Pfanne erhitzen und die Medaillons darin auf jeder Seite 2 Minuten braten; salzen, pfeffern und in eine ofenfeste Form legen.

3 Die Espresso-Walnuss-Butter in 12 Scheiben schneiden. Die Butterscheiben flach drücken und auf die Medaillons legen. Die Medaillons im heißen Ofen (2. Schiene von oben) etwa 5 Minuten überbacken.

4 Inzwischen die Pfanne zurück auf den Herd stellen und nochmals erhitzen. Den Bratsatz mit dem restlichen Espresso ablöschen, Rotwein und Honig dazugeben. Den Bratsatz unter Rühren loskochen und die Soße offen etwa 5 Minuten einköcheln lassen. Mit Salz, Pfeffer und Honig abschmecken.

Kaninchen-Zwiebel-Ragout

4 PORTIONEN

600 G KANINCHENRÜCKENFILETS
4 ZWIEBELN
3 EL OLIVENÖL
1 TL MEHL
4 EL WEISSER BALSAMICO-ESSIG
250 ML TROCKENER WEISSWEIN
100 G SAHNE
2 TL SÜSSER SENF
SALZ
FRISCH GEMAHLENER PFEFFER

ZUBEREITUNGSZEIT 20 MINUTEN

1 Die Kaninchenfilets trocken tupfen und in mundgerechte Stücke schneiden. Die Zwiebeln schälen und achteln.

2 Das Olivenöl in einer Pfanne erhitzen. Die Fleischstücke darin etwa 2 Minuten unter Wenden braten; aus der Pfanne nehmen und beiseitestellen. Die Zwiebelachtel ins heiße Öl geben und in 3–4 Minuten hellbraun braten.

3 Zwiebeln mit dem Mehl bestäuben und alles mit dem Essig ablöschen. Weißwein und Sahne unterrühren und die Soße offen etwa 2 Minuten köcheln lassen. Die Fleischstücke in die Soße legen und erhitzen. Das Ragout mit Senf, Salz und Pfeffer abschmecken; servieren.

Das schmeckt dazu

Als Gemüsebeilage bieten sich Petersilienwurzeln und Äpfel an. Dafür in Spalten geschnittene Petersilienwurzeln und mit einem Kugelausstecher geformte Kugeln aus ungeschälten Äpfeln in Butter anbraten; mit Weißwein ablöschen und einkochen lassen. In Honig schwenken und alles mit Salz und Pfeffer würzen.

Wildschweinragout mit dunklem Bier

4 PORTIONEN

200 G MÖHREN
1 PETERSILIENWURZEL
1 ZWIEBEL
500 G WILDSCHWEINFLEISCH (NACKEN, RÜCKEN ODER KEULE)
2 EL BUTTERSCHMALZ
1 EL TOMATENMARK
SALZ
FRISCH GEMAHLENER PFEFFER
½ TL KÜMMELSAMEN
300 ML DUNKLES BIER

ZUBEREITUNGSZEIT 30 MINUTEN

1 Möhren und Petersilienwurzel putzen und schälen. Die Zwiebel schälen; alle drei Zutaten klein würfeln. Das Fleisch trocken tupfen und in 2 cm große Würfel schneiden.

2 Das Butterschmalz in einem Schmortopf erhitzen. Das Fleisch darin mit dem Gemüse in etwa 3 Minuten kräftig anbraten. Das Tomatenmark dazugeben und kurz mitrösten. Fleisch und Gemüse mit Salz, Pfeffer und Kümmel würzen.

3 Das Bier dazugießen und das Ragout zugedeckt bei schwacher bis mittlerer Hitze 15–20 Minuten köcheln lassen. Auf vier Teller verteilen und servieren.

Das schmeckt dazu

Semmel- oder Serviettenknödel und Rosenkohlgemüse sind wunderbare Beilagen zum Wildschweinragout.

Hirschröllchen mit Rucola-Pinienkernen

4 PORTIONEN

3 EL PINIENKERNE
1 KNOBLAUCHZEHE
½ BUND RUCOLA
4 EL OLIVENÖL
3 EL GERIEBENER PARMESAN
SALZ
FRISCH GEMAHLENER PFEFFER
8 DÜNNE HIRSCHSCHNITZEL (RÜCKEN, ETWA 500 G)
5 ENTSTEINTE PFLAUMEN (FRISCH ODER AUS DEM GLAS; NACH BELIEBEN)
250 ML TROCKENER WEISSWEIN
AUSSERDEM: ALUFOLIE, KLEINE HOLZSPIESSE

ZUBEREITUNGSZEIT 25 MINUTEN

1 Die Pinienkerne in einer Pfanne ohne Fett goldbraun rösten, bis sie zu duften beginnen. Den Knoblauch schälen und grob hacken. Rucola waschen, trocken schütteln, von den dicken Stielen befreien und grob zerkleinern.

2 Knoblauch, Pinienkerne und Rucola mit 3 EL Olivenöl und dem Parmesan im Blitzhacker oder mit dem Stabmixer zu einem Pesto mixen. Das Pesto mit Salz und Pfeffer abschmecken.

3 Die Hirschschnitzelchen trocken tupfen und, falls nötig, mit dem Handballen flach drücken. Vom Pesto 1 EL abnehmen und beiseitestellen. Die Schnitzelchen mit dem restlichen Pesto bestreichen, dann aufrollen und jeweils mit einem kleinen Holzspieß fixieren.

4 Das übrige Olivenöl (1 EL) in einer Pfanne erhitzen und die Fleischröllchen darin rundherum braten, anschließend herausnehmen und in Alufolie wickeln.

5 Die Pflaumen (nach Belieben) in Stückchen schneiden. Den Bratsatz mit dem Weißwein ablöschen, die Pflaumen und das beiseitegestellte Pesto (1 EL) in die Soße rühren. Die Soße etwa 3 Minuten offen köcheln lassen; mit Salz und Pfeffer abschmecken.

Das Auge isst mit

Es ist eine schöne Geste, Familie und Freunde mit einem festlichen Mahl zu bewirten. Dazu gehört auch ein richtig eingedeckter Tisch.

TEXT: DOROTHEE FAUTH

Der Mensch hat die Nahrungsaufnahme zur Kultur erhoben. In ihrer schönsten Form verbringt er viel Zeit in geselliger Runde. Zu einem gelungenen Abend gehört aber nicht nur ein leckeres Essen, sondern auch ein richtig eingedeckter Tisch. Er sollte mindestens so ansprechend aussehen wie das Mahl, das darauf serviert wird. Denn das Auge isst mit.
Natürlich muss der erste Gedanke dem Menü gelten. Was koche ich? Für wen? Und nicht zu vergessen: für wie viele Personen? Denn jeder sollte genug Platz am Tisch haben. Für Gedeck und Ellbogenfreiheit rechnet man mit etwa 80 Zentimetern pro Person.

Klassisch mit Platzteller

Einen besonders schönen Holztisch muss man nicht unter einer Tischdecke verstecken. Ansonsten sehen weißes Leinen oder Damast immer sehr festlich aus. Den Tisch richtig einzudecken, ist kein Hexenwerk, denn dafür gibt es feste Regeln. Wer es klassisch mag, legt für jeden Gast einen großen Platzteller auf. Er markiert den Mittelpunkt des Gedecks, von ihm wird nicht gegessen. Darauf platziert man die Teller für Hauptspeise und Vorspeise oder Suppe. Das Besteck ordnet man der Menüfolge entsprechend von außen nach innen: links die Gabeln, rechts der Suppenlöffel und die Messer. Der Dessertlöffel liegt quer zu den Tellern. Auch die Gläser oberhalb von Messer und Löffel haben eine korrekte Abfolge: Das Wasserglas steht außen, dann folgen Weißwein- und Rotweinglas. Ein Brotteller neben den Gabeln sorgt für Symmetrie.
Ein festlich gedeckter Tisch verlangt nach Stoffservietten. Wer sich nicht mit komplizierten Falttechniken aufhalten will, rollt sie und schlingt ein schönes Band darum. Wichtig für ein harmonisches Ganzes ist, dass Tischdecke und Geschirr farblich harmonieren. Eine weiße Decke erlaubt beispielsweise einen bunten Geschirrmix, zu einem

Links die Gabeln, rechts die Messer, entsprechend der Menüfolge von außen nach innen geordnet

rustikalen Gedeck passt ein grob gewebtes Tischtuch. Sehr stilvoll ist es, Wasserkaraffen statt Flaschen auf den Tisch zu stellen.

Anlass und Jahreszeit

Dekorative Elemente runden den Eindruck ab. Dabei gilt: Weniger ist mehr. Achten Sie darauf, dass Kerzen und Blumenschmuck nicht die Sicht auf das Gegenüber versperren. Die Dekoration sollte immer zum Anlass oder zur Jahreszeit passen. Tannenzweige und Sterne, bunte Blätter, schwimmende Blüten ... Das Wichtigste aber ist eine Atmosphäre, in der sich die Gäste wohlfühlen.

Lachsfilet mit Honig-Senf-Kruste

4 PORTIONEN

4 STÜCKE LACHSFILET OHNE HAUT (JE ETWA 125 G)
1 UNBEHANDELTE ZITRONE
2 EL ÖL
1 EL SOJASOSSE
1 EL FLÜSSIGER HONIG
1 EL KÖRNIGER SENF
2 DOSEN WEISSE BOHNEN (ABTROPFGEWICHT JE 220 G)
1 GROSSE KNOBLAUCHZEHE
2 EL OLIVENÖL
1 PRISE CHILIFLOCKEN
200 G BLATTSPINAT
12 COCKTAILTOMATEN AN DER RISPE
SALZ
FRISCH GEMAHLENER PFEFFER

ZUBEREITUNGSZEIT 25 MINUTEN

1 Die Fischstücke mit Küchenpapier abtupfen. Die Zitrone heiß waschen und abtrocknen. Die Schale abreiben und denSaft auspressen. In einer flachen Form 1 EL Öl mit Sojasoße, Honig, Senf und 1 EL Zitronensaft zu einer Marinade verrühren. Die Fischstücke darin wenden.

2 Die Bohnen in ein Sieb schütten, kalt abspülen und abtropfen lassen. Knoblauch schälen und fein hacken. Die Bohnen mit Knoblauch, Olivenöl, restlichem Zitronensaft, Zitronenschale und Chiliflocken in einen kleinen Topf geben und bei schwacher Hitze heiß werden lassen.

3 Inzwischen den Spinat waschen, tropfnass in einen zweiten Topf geben und zugedeckt bei starker Hitze zusammenfallen lassen. Anschließend in einem Sieb ausdrücken.

4 Das restliche Öl in einer großen Pfanne erhitzen. Fischstücke aus der Marinade nehmen und in der Pfanne pro Seite 2–3 Minuten braten, bis sie gar sind. Die Cocktailtomaten am Schluss an der Rispe in die Pfanne geben und mitbraten, bis sie aufplatzen.

5 Die Bohnen mit dem Kartoffelstampfer andrücken; den Spinat untermischen. Das Gemüse mit Salz und Pfeffer abschmecken und auf Teller verteilen. Die Lachsfilets darauf anrichten und die Tomaten dazulegen. Sofort servieren.

Seeteufel mit Paprika, Zitrone und Basilikum

4 PORTIONEN

1 ROTE ZWIEBEL
1 ROTE PAPRIKASCHOTE
1 GELBE PAPRIKASCHOTE
2 EL ÖL
200 G ZUCKERSCHOTEN
½ EL GEMISCHTE PFEFFERKÖRNER (BUNTER PFEFFER)
½ BUND BASILIKUM
1 UNBEHANDELTE ZITRONE
500 G SEETEUFELFILET OHNE HAUT
200 G TK-ERBSEN
75 G MUNGOBOHNENSPROSSEN

ZUBEREITUNGSZEIT 25 MINUTEN

1 Die Zwiebel schälen und sehr fein würfeln. Die Paprikaschoten putzen, waschen und in dünne Streifen schneiden.

2 Den Wok oder eine große Pfanne bei starker Hitze heiß werden lassen. 1 EL Öl hineingeben und durch Schwenken verteilen. Die Zwiebel darin 1 Minute pfannenrühren. Paprika und Zuckerschoten hinzufügen. 3–5 Minuten unter Rühren braten, dann alles mit einem Schaumlöffel aus Wok oder Pfanne heben und in eine Schüssel füllen; beiseitestellen.

3 Pfefferkörner im Mörser zerdrücken. Basilikum waschen und trocken tupfen; Blätter abzupfen und in dünne Streifen schneiden. Zitrone waschen und abtrocknen; Schale abreiben und Saft auspressen. Das Seeteufelfilet trocken tupfen und in 4 cm große Würfel schneiden.

4 Das restliche Öl (1 EL) erhitzen. Die Fischwürfel darin unter gelegentlichem vorsichtigem Wenden 4 Minuten braten, bis sie gar sind; die Stücke sollten ganz bleiben. Pfeffer, Zitronenschale und -saft untermischen.

5 Gebratenes Gemüse, Erbsen und Sprossen in die Pfanne zum Fisch geben. 2–3 Minuten unterheben, bis alles heiß ist. Das Gericht mit dem Basilikum bestreuen und sofort servieren.

Gegrillte Austern mit Gemüsefüllung

4 PORTIONEN

1 SCHALOTTE
1 KLEINE KARTOFFEL
½ KLEINE FENCHELKNOLLE
30 G BUTTER
16 GRÜNDLICH GEREINIGTE AUSTERN
SALZ
FRISCH GEMAHLENER PFEFFER
100 G BLATTSPINATBLÄTTER
1 EL ZITRONENSAFT
2 EL GEHACKTE PETERSILIE
ZITRONENSCHNITZE FÜR DIE GARNITUR
AUSSERDEM: ALUFOLIE

ZUBEREITUNGSZEIT 20 MINUTEN

1 Schalotte schälen und fein hacken. Kartoffel schälen und klein würfeln, Fenchel putzen, waschen und fein würfeln.

2 Die Butter in einer Pfanne erhitzen. Schalottenwürfel darin in etwa 2 Minuten glasig dünsten, dann Kartoffel- und Fenchelwürfel hinzufügen und alles bei schwacher Hitze unter gelegentlichem Rühren 10 Minuten dünsten.

3 Inzwischen die Austern öffnen, die oberen Schalenhälften abheben und das Muschelfleisch, falls nötig, von Schalensplittern befreien. Die Austern in den unteren Schalen nebeneinander in eine ofenfeste große Form setzen. Salzen und pfeffern. Etwas zerknüllte Alufolie zwischen die Austern legen, damit sie nicht umkippen.

4 Den Backofengrill auf mittlere Hitze vorheizen. Den Spinat waschen, abtropfen lassen, unter das Gemüse mischen und in 1 – 2 Minuten zusammenfallen lassen. Zitronensaft und Petersilie hinzufügen und die Gemüsemischung salzen und pfeffern.

5 Auf jede Auster 1 EL von der Gemüsemischung geben und die Austern für etwa 3 Minuten unter den Grill stellen, bis die Füllung leicht gebräunt ist. Mit Zitronenspalten garnieren und servieren.

Heilbuttsteaks mit roter Salsa

4 PORTIONEN

1 ORANGE
1 KNOBLAUCHZEHE
3 EL OLIVENÖL, MEHR ZUM BRATEN
SALZ
FRISCH GEMAHLENER PFEFFER
4 HEILBUTTSTEAKS (JE 150 G)
200 G TOMATEN
1 KLEINE ROTE PAPRIKASCHOTE
1 KLEINE ROTE ZWIEBEL
½ BUND BASILIKUM
1 EL BALSAMICO-ESSIG
1 TL ZUCKER

ZUBEREITUNGSZEIT 25 MINUTEN

1 Für die Fischmarinade die Orange auspressen (etwa 100 ml). Knoblauch schälen und fein hacken. Die Hälfte vom Orangensaft und den Knoblauch in eine flache Form geben; Olivenöl sowie Salz und Pfeffer nach Geschmack hinzufügen und alles verrühren. Die Fischsteaks trocken tupfen, in der Marinade wenden und zugedeckt ziehen lassen, bis die Salsa zubereitet ist.

2 Für die Salsa Tomaten waschen, halbieren, von den Stielansätzen befreien und würfeln. Paprika putzen, waschen und ebenfalls würfeln. Zwiebel schälen und klein schneiden. Basilikum waschen und trocken schütteln. Die Blätter abzupfen und in Streifen schneiden.

3 Tomaten, Paprika, Zwiebel und Basilikum in eine Schüssel geben. Den restlichen Orangensaft (etwa 50 ml) sowie Essig und Zucker untermischen; die Salsa mit Salz und Pfeffer abschmecken.

4 Eine Grillpfanne oder eine schwere Pfanne dünn mit Olivenöl fetten und bei starker Hitze heiß werden lassen. Fischsteaks aus der Marinade nehmen und in der Pfanne pro Seite 2–3 Minuten braten, dabei gelegentlich mit Marinade bestreichen. Auf vorgewärmte Teller geben, mit Pfeffer bestreuen und nach Belieben mit Orangenschnitzen garnieren. Die Salsa dazu reichen.

Seezungenröllchen mit Couscous

4 PORTIONEN

100 G TK-ERBSEN
6 FRÜHLINGSZWIEBELN
12 DÜNNE GRÜNE SPARGELSTANGEN
2 KLEINE ZUCCHINI
2,5 CM INGWER (ETWA 15 G)
1 UNBEHANDELTE ZITRONE
4 DICKE SEEZUNGENFILETS, OHNE HAUT
100 G GESCHÄLTE GEGARTE GARNELEN
1 EL BUTTER
SALZ
FRISCH GEMAHLENER PFEFFER
500 ML GEFLÜGELFOND (GLAS)
3 ZWEIGE THYMIAN
400 G COUSCOUS
1 ZITRONE
AUSSERDEM: ZAHNSTOCHER

ZUBEREITUNGSZEIT 30 MINUTEN

1 Erbsen antauen lassen. Frühlingszwiebeln waschen, putzen und in dünne Ringe schneiden. Spargel waschen und von harten Enden befreien. Zucchini putzen, waschen, längs halbieren und in halbe Scheiben schneiden. Ingwer schälen und reiben.

2 Zitrone waschen und abtrocknen; einen Streifen Schale abschneiden und 2 EL Saft auspressen. Fisch und Garnelen trocken tupfen.

3 Die Butter in einem Topf erhitzen. Frühlingszwiebeln darin 2–3 Minuten dünsten, dann Ingwer und 1 EL Zitronensaft untermischen. Die Fischfilets mit den Hautseiten nach oben auf eine Arbeitsfläche legen; salzen und pfeffern. Die Frühlingszwiebeln auf dem Fisch verteilen und leicht andrücken.

4 Den Fond im Topf erhitzen. Zucchini, Zitronenschale und Thymian hineingeben. Aufkochen lassen. Den Spargel in einem Dämpfeinsatz über dem köchelnden Fond zugedeckt 5 Minuten dämpfen. Den Einsatz aus dem Topf nehmen. Den Topfinhalt zugedeckt warm halten.

5 Die Garnelen auf die Fischfilets verteilen. Je 3 Spargelstangen darauflegen. Die Filets aufrollen und mit Zahnstochern zustecken. Röllchen aufrecht in den Dämpfeinsatz setzen.

6 Den Fond erneut aufkochen lassen. Couscous und Erbsen unterrühren. Den Dämpfeinsatz auf den Topf setzen und die Röllchen bei schwacher Hitze zugedeckt 3 Minuten dämpfen. Den Topf vom Herd nehmen.

7 Zitronenschale und Thymian aus dem Couscous nehmen. Couscous mit dem restlichen Zitronensaft (1 EL) beträufeln. Auf Teller verteilen. Die Seezungenröllchen darauf anrichten.

Seeteufel mit Tomaten

4 PORTIONEN

2 GROSSE KNOBLAUCHZEHEN
2 ZWEIGE ROSMARIN
2 STÜCK SEETEUFELFILET (JE 250 G)
1 UNBEHANDELTE LIMETTE
25 G BUTTER
SALZ
FRISCH GEMAHLENER PFEFFER
20 COCKTAILTOMATEN
AUSSERDEM: ALUFOLIE UND OLIVENÖL FÜR DIE FOLIE

ZUBEREITUNGSZEIT 35 MINUTEN

1 Den Knoblauch schälen und längs in Viertel schneiden. Rosmarin waschen und in Stücke brechen. Den Backofen auf 200 °C vorheizen.

2 Von der Alufolie 2 etwa 30 cm lange Bögen abschneiden. Diese innen mit Olivenöl bepinseln und darauf mittig jeweils 1 Stück Fischfilet legen. Die Filets mehrmals mit einer Messerspitze einstechen; Knoblauch und Rosmarin in die Schlitze stecken.

3 Die Limette heiß waschen und abtrocknen. Die Schale abreiben und auf die Fischfilets streuen. Die Limette in sehr dünne Scheiben schneiden und auf die Fischstücke legen.

4 Die Butter in Flöckchen auf dem Fisch verteilen und alles salzen und pfeffern. Die Tomaten waschen und quer halbieren; je 10 Hälften mit den Schnittflächen auf den Fisch bzw. die Limettenscheiben legen. Die Folie über die Füllung schlagen und verschließen.

5 Die Päckchen auf ein Backblech legen und im heißen Ofen (Mitte) 10 Minuten garen. Anschließend die Päckchen öffnen und 10 Minuten weitergaren, bis sich der Fisch beim Einstechen mit einer Messerspitze leicht zerpflücken lässt.

6 Zum Servieren die Fischstücke längs halbieren, mit Tomaten und Limetten auf Tellern anrichten und alles mit dem Garsud aus den Päckchen beträufeln.

Entrecôtes mit Zwiebelsoße

4 PORTIONEN

4 ENTRECÔTES (ZWISCHENRIPPENSTÜCKE, JE ETWA 180 G)
4 EL ÖL
FRISCH GEMAHLENER PFEFFER
3 ZWIEBELN
2 EL BUTTERSCHMALZ
SALZ
FRISCH GERIEBENE MUSKATNUSS
2 TL MEHL
250 ML RINDERFOND ODER RINDERBRÜHE

ZUBEREITUNGSZEIT 30 MINUTEN

1 Entrecôtes trocken tupfen und mit dem Handballen flach drücken. Den Fettrand im Abstand von 2 cm bis zum Fleisch einschneiden, damit sich die Steaks beim Braten nicht krümmen.

2 Auf einem großen Teller 2 EL Öl mit Pfeffer verrühren und die Fleischscheiben in der Mischung wenden.

3 Für die Soße die Zwiebeln schälen und in dünne Ringe schneiden. Das Butterschmalz in einer großen beschichteten Pfanne erhitzen. Die Zwiebelringe darin bei mittlerer Hitze in 5–6 Minuten goldbraun braten.

4 Inzwischen das restliche Öl (2 EL) in einer großen schweren Pfanne erhitzen. Entrecôtes darin auf jeder Seite 2 Minuten anbraten, dann salzen und pro Seite weitere 3–4 Minuten braten. Herausnehmen und warm stellen.

5 Die gebratenen Zwiebeln in der Pfanne mit Salz, Pfeffer und Muskat würzen. Mit Mehl bestäuben und leicht bräunen. Alles mit Fond oder Brühe ablöschen, aufkochen und 1 Minute kochen lassen. Das Fleisch mit der Zwiebelsoße auf Tellern anrichten. Dazu passen Pommes frites.

Filet Stroganoff

4 PORTIONEN

600 G RINDERFILET, GESCHNETZELT
2 ZWIEBELN
250 G CHAMPIGNONS
4 EL BUTTERSCHMALZ
SALZ
FRISCH GEMAHLENER PFEFFER
250 ML FLEISCHBRÜHE
200 G CRÈME FRAÎCHE
2 TL SPEISESTÄRKE
150 G GEWÜRZGURKEN, ABGETROPFT
3–4 EL GURKENSUD
1 BUND DILL

ZUBEREITUNGSZEIT 25 MINUTEN

1 Das Fleisch trocken tupfen. Die Zwiebeln schälen und fein hacken. Die Champignons putzen, abreiben und je nach Größe halbieren oder vierteln.

2 In einer großen Pfanne 2 EL Butterschmalz erhitzen, das Fleisch darin in zwei Portionen jeweils 1–2 Minuten anbraten. Aus der Pfanne nehmen, mit Salz und Pfeffer würzen und beiseitestellen.

3 Das restliche Butterschmalz (2 EL) in der Pfanne erhitzen und die Zwiebeln darin glasig dünsten. Die Pilze dazugeben und unter Rühren goldbraun braten.

4 Die Brühe dazugießen und aufkochen lassen. Die Crème fraîche mit der Speisestärke verrühren und unter die Soße mischen. Erneut aufkochen. Die Soße bei schwacher Hitze 5 Minuten köcheln lassen; salzen und pfeffern.

5 Inzwischen die Gurken in Scheiben schneiden. Fleisch und Gurken in die Soße geben und kurz heiß werden lassen. Das Gericht mit Salz, Pfeffer und Gurkensud abschmecken. Dill waschen. Spitzen grob hacken und das Geschnetzelte damit bestreuen. Dazu passen Spätzle.

Geschmorte Kalbsschulter

4 PORTIONEN

1 KG KALBSSCHULTER
SALZ
FRISCH GEMAHLENER PFEFFER
1 – 2 EIER, HART GEKOCHT UND GESCHÄLT
4 GEWÜRZGURKEN
1 EL PETERSILIE, GEHACKT
EINIGE CHAMPIGNONS, IN SCHEIBEN GESCHNITTEN
60 G BUTTER
1 MÖHRE, IN GROBE STÜCKE GESCHNITTEN
1 ZWIEBEL, GESCHÄLT UND HALBIERT
1 EL TOMATENMARK
100 ML ROTWEIN
ETWA 500 ML WASSER ODER FLEISCHBRÜHE ZUM AUFGIESSEN
1 TL SPEISESTÄRKE
AUSSERDEM: KÜCHENGARN

ZUBEREITUNGSZEIT 150 MINUTEN

1 Den Ofen auf 180 °C vorheizen.

2 Das Fleisch mit der Innenseite nach oben auf die Arbeitsfläche legen und flach klopfen. Mit Salz sowie Pfeffer einreiben.

3 An einer Seite des Fleisches die Eier platzieren und das Fleisch ein Stück weit aufrollen. Nun die Gewürzgurken, Petersilie und die Champignons auf das Fleisch legen und weiter aufrollen. Den Braten mit Küchengarn rundum festbinden.

4 In einem Bräter die Butter erhitzen und den Braten darin von allen Seiten braun anbraten. Möhre und Zwiebel mitbräunen. Tomatenmark einrühren, kurz anschwitzen. Mit Rotwein ablöschen. Anschließend etwas Wasser oder Brühe angießen und den Bräter in den Ofen stellen. Das Fleisch etwa 1½ Stunden garen, dabei regelmäßig mit Bratensaft übergießen; bei Bedarf mehr Brühe dazugeben.

5 Den Braten aus dem Bräter nehmen, die Soße durch ein Sieb in einen Topf passieren. Bei Bedarf einkochen lassen. Zum Abbinden der Soße die Stärke mit wenig kaltem Wasser anrühren und in die Soße einrühren. Kurz aufkochen lassen.

6 Den Braten aufschneiden, auf Tellern anrichten und mit Soße beträufelt servieren. Dazu passen Kartoffeln, Nudeln und gedünstetes Gemüse.

Gratinierte Kalbslende mit Calvadossoße

4 PORTIONEN

2 EL ÖL PLUS ETWAS MEHR FÜR DIE FORM
4 SCHALOTTEN
2 KNOBLAUCHZEHEN
4 SCHEIBEN KALBSLENDE (JE ETWA 150 G)
SALZ
FRISCH GEMAHLENER PFEFFER
¼ TL GEMAHLENES PIMENT
¼ TL ZUCKER
1 EL TOMATENMARK
150 ML KALBSFOND (GLAS)
100 G SAHNE
1 TL MEHL
75 G CRÈME FRAÎCHE
1 TL ESTRAGONSENF ODER MITTELSCHARFER SENF
1 TL ESTRAGONESSIG
1 EL CALVADOS
¼ TL EDELSÜSSES PAPRIKAPULVER
1 MSP. CAYENNEPFEFFER
75 G GERIEBENER GRUYÈRE
SCHNITTLAUCH (NACH BELIEBEN)

ZUBEREITUNGSZEIT 25 MINUTEN

1 Eine flache Auflaufform fetten (sie sollte möglichst so groß sein, dass die Fleischscheiben gerade nebeneinander hineinpassen). Den Ofen auf 250 °C vorheizen. Die Schalotten schälen und würfeln. Den Knoblauch schälen und fein hacken. Das Fleisch trocken tupfen.

2 Das Öl in einer Pfanne mit hohem Rand erhitzen. Die Lendenscheiben darin auf jeder Seite 2 Minuten anbraten. Mit Salz, Pfeffer und Piment würzen und in die Auflaufform legen.

3 Schalotten mit Knoblauch in der Pfanne im Bratfett kurz glasig werden lassen. Zucker und Tomatenmark hinzufügen und ein paar Sekunden mit erhitzen. Kalbsfond dazugießen und offen etwa 3 Minuten köcheln lassen, dabei gelegentlich umrühren.

4 Die Sahne mit dem Mehl verquirlen und in den Fond rühren. 1 Minute unter gelegentlichem Rühren köcheln lassen. Crème fraîche und Senf unterrühren. Die Soße mit Estragonessig, Calvados, Paprikapulver, Cayennepfeffer, Salz und Pfeffer abschmecken.

5 Die Fleischscheiben mit der Soße bedecken. Den Käse darüberstreuen. Den Ofen auf die Grillstufe umschalten. Die Kalbslendenscheiben im heißen Ofen (Mitte) 8 – 10 Minuten überbacken. Aus dem Ofen nehmen und nach Belieben mit Schnittlauch garnieren. Dazu schmeckt ein Gemüse-Reis, z. B. mit geraspelten Möhren und Petersilie.

Kalbsfilet mit Champignons

4 PORTIONEN

1 KALBSFILET (ETWA 800 G)
KRÄUTER UND GEWÜRZE
(NACH BELIEBEN, Z. B. SALBEI, ROSMARIN, THYMIAN, PAPRIKAPULVER)
SALZ
FRISCH GEMAHLENER PFEFFER
40 G BUTTERSCHMALZ ODER ÖL
(ALTERNATIV JEWEILS DIE HÄLFTE VON BEIDEM)
150 ML KALBS- ODER FLEISCHBRÜHE
5 EL SAURE SAHNE
WEISSWEIN (ZUM ABSCHMECKEN)
100 G CHAMPIGNONS
1 EL BUTTER (ZUM ANBRATEN)

ZUBEREITUNGSZEIT 65 MINUTEN

1 Den Ofen auf 180 °C vorheizen.

2 Das Fleisch trocken tupfen und bei Bedarf von Sehnen und Fett befreien. Die Kräuter waschen, trocken tupfen und die Nadeln bzw. Blättchen von den Zweigen und Stängeln zupfen. Das Fleisch mit Kräutern, Salz und Pfeffer rundum einreiben.

3 Das Butterschmalz bzw. Öl in einem Bräter auf dem Herd erhitzen und das Fleisch darin von allen Seiten braun anbraten. Anschließend mit der Hälfte der Brühe begießen und im Ofen etwa 45 Minuten garen. Dabei regelmäßig mit Bratensaft übergießen. Bei Bedarf etwas Flüssigkeit zugießen.

4 Etwa 10 Minuten vor Ende der Garzeit das Filet mit Sauerrahm bestreichen.

5 Das gegarte Fleisch aus dem Bräter nehmen und warm stellen. Die Soße durch ein feines Sieb passieren und bei Bedarf einkochen. Nach Belieben mit etwas Weißwein abschmecken.

6 Die Champignons putzen und in Scheiben schneiden. Butter in einer Pfanne erhitzen und die Champignons darin gut schwenken.

7 Das Kalbsfilet in Scheiben schneiden, auf Tellern anrichten und mit Champignons garnieren. Mit Soße beträufeln und servieren. Dazu passen Kartoffelpüree, Salzkartoffeln oder Reis.

Schweinelende mit Cranberry-Möhren

4 PORTIONEN

120 G ZUCKER
1 TL GETROCKNETER ROSMARIN
¾ TL SALZ
½ TL FRISCH GEMAHLENER PFEFFER
½ TL GEMAHLENER INGWER
450 G FETTARME SCHWEINELENDE, QUER ZUR FASER HALBIERT
1 EL OLIVENÖL
12 KNOBLAUCHZEHEN, GESCHÄLT
8 FRÜHLINGSZWIEBELN, IN ETWA 5 CM LANGE STÜCKE GESCHNITTEN
4 MÖHREN, GESTIFTELT
350 G FRISCHE ODER TK-CRANBERRYS
150 ML ORANGENSAFT
1 LORBEERBLATT

ZUBEREITUNGSZEIT 50 MINUTEN

1 Ofen auf 175 °C vorheizen. Die Hälfte des Zuckers (60 g), Rosmarin, Salz, Pfeffer und Ingwer mischen und das Schweinefleisch darin wälzen.

2 Das Öl auf mittlerer Stufe in einem Schmortopf erhitzen. Die Schweinelende aus der Würzmischung nehmen und zusammen mit dem Knoblauch in den Topf geben. Das Fleisch etwa 2 Minuten auf jeder Seite anbraten, dann auf einem Teller beiseitestellen.

3 Frühlingszwiebeln und Möhren in den Topf geben und 3 Minuten dünsten, bis die Möhren Farbe annehmen. Restlichen Zucker, Cranberrys, Orangensaft und Lorbeerblatt zufügen und zum Kochen bringen.

4 Fleisch wieder in den Topf geben, kurz aufkochen lassen und dann mit geschlossenem Deckel in den heißen Ofen stellen. 30 Minuten garen lassen.

5 Fleisch aus dem Topf nehmen, in Scheiben schneiden und mit dem Cranberry-Möhren-Gemüse anrichten. Das Lorbeerblatt entfernen. Dazu passen gekochte Kartoffeln und Spargel.

Provenzalisches Schweinefilet

4 PORTIONEN

2 SCHWEINEFILETS (JE ETWA 350 G)
SALZ
FRISCH GEMAHLENER PFEFFER
2 EL OLIVENÖL
400 G EIERSTRAUCHTOMATEN
1 AUBERGINE (ETWA 300 G)
2 KNOBLAUCHZEHEN
2 ZWEIGE ROSMARIN
80 G SCHWARZE OLIVEN
200 ML HÜHNERBRÜHE

ZUBEREITUNGSZEIT 25 MINUTEN

1 Ein Backblech in den Ofen schieben (zweite Schiene von unten). Den Ofen auf 220 °C vorheizen.

2 Die Schweinefilets trocken tupfen, jedes quer halbieren. Die Filethälften rundum salzen und pfeffern.

3 In einer großen Pfanne das Öl heiß werden lassen. Die Filethälften darin bei starker Hitze 5 Minuten rundum kräftig anbraten, dann auf das heiße Blech legen und 5 Minuten im Ofen weiterbraten.

4 Inzwischen die Tomaten waschen und längs achteln. Die Aubergine waschen, putzen und grob würfeln. Knoblauch schälen und in Scheiben schneiden. Rosmarin waschen.

5 Gemüse, Knoblauch, Rosmarin und Oliven um das Fleisch verteilen. Den Bratensatz in der Pfanne mit der Brühe ablöschen und auf das Blech gießen. Alles noch weitere 10–12 Minuten garen.

6 Das Filet in Scheiben schneiden und mit dem Gemüse am besten in tiefen Tellern servieren.

Schweinefilet im Blätterteigmantel

4 PORTIONEN

1 SCHWEINEFILET (600 G) ODER
2 SCHWEINEFILETS (JE ETWA 300 G)
2 EL BUTTERSCHMALZ
SALZ
FRISCH GEMAHLENER PFEFFER
300 G TK-BLÄTTERTEIG, AUFGETAUT
6 SCHEIBEN ROHER SCHINKEN (Z. B. SCHWARZWÄLDER SCHINKEN ODER SERRANO-SCHINKEN)
1 EIGELB, VERQUIRLT

FÜR DIE FÜLLUNG

1 EL BUTTER
1 ZWIEBEL, GEHACKT
3 EL PETERSILIE, GEHACKT
400 G CHAMPIGNONS, GEPUTZT UND IN SCHEIBEN GESCHNITTEN

FÜR DIE SOSSE

50 ML WEISSWEIN
200 ML KALBSBRÜHE ODER -FOND (GLAS)
200 G SAHNE
SALZ
1 PRISE CAYENNEPFEFFER

ZUBEREITUNGSZEIT 60 MINUTEN

1 Das Filet bei Bedarf häuten. Das Butterschmalz in einer Pfanne erhitzen. Das Filet darin von allen Seiten braun anbraten. Herausnehmen und mit Salz und Pfeffer würzen.

2 Für die Füllung Butter in einer Pfanne erhitzen. Zwiebel darin glasig anschwitzen, dann Petersilie und Champignons dazugeben und mitgaren. Mit Salz und Pfeffer würzen. Anschließend kurz abkühlen lassen. Den Ofen auf 200 °C vorheizen.

3 Die Bätterteigplatten aufeinanderlegen und zu einem großen Rechteck ausrollen, sodass das Filet darin eingewickelt werden kann.

4 Die Champignonmischung auf dem Blätterteig verteilen, dabei einen großzügigen Rand lassen. Die Schinkenscheiben darauflegen. Das Filet auf den Schinken legen und den Blätterteig von einer Längsseite her über das Filet schlagen. Die Ränder gut andrücken und das Filet im Teig mit der Naht nach unten auf ein Backblech legen. Mit dem Eigelb rundum bestreichen und mit einer Gabel mehrmals einstechen. Das Filet im Ofen etwa 30 Minuten garen. Werden 2 Filets verwendet, den Blätterteig mit der Füllung halbieren und in jede Hälfte 1 Filet einwickeln. Die Filets im Ofen etwa 20 Minuten garen.

5 Für die Soße den Bratensatz in der Pfanne mit Weißwein ablöschen. Die Flüssigkeit verdampfen lassen, dann Brühe und Sahne angießen. Die Soße bei schwacher Hitze einköcheln lassen, mit Salz und Cayennepfeffer abschmecken.

6 Das Filet aus dem Ofen nehmen und vor dem Servieren 10 Minuten ruhen lassen. Dazu passt gedünstetes Gemüse.

Lammmedaillons mit Kräuterbutter

4 PORTIONEN

8 MEDAILLONS VOM LAMMRÜCKEN (ETWA 600 G)
3 EL BUTTERSCHMALZ
SALZ
FRISCH GEMAHLENER PFEFFER
KIRSCHTOMATEN (ZUM GARNIEREN)

FÜR DIE MARINADE
1–2 ZWEIGE ROSMARIN
EINIGE PFEFFERMINZBLÄTTER (NACH BELIEBEN)
2 EL ZITRONENSAFT
3 EL ÖL
½ EL KOGNAK
1 KNOBLAUCHZEHE, DURCHGEPRESST

FÜR DIE KRÄUTERBUTTER
60 G BUTTER
SALZ
FRISCH GEMAHLENER PFEFFER
1 TL ZITRONENSAFT
1 TL PETERSILIE, GEHACKT
AUSSERDEM: KÜCHENGARN

ZUBEREITUNGSZEIT 30 MINUTEN PLUS 60 MINUTEN MARINIERZEIT

1 Die Medaillons trocken tupfen, leicht flach klopfen und nach Belieben mit Küchengarn in eine runde Form binden.

2 Für die Marinade den Rosmarin waschen und trocken tupfen. Die Nadeln abzupfen und hacken. Ein Drittel vom Rosmarin für die Kräuterbutter beiseitelegen. Die Pfefferminzblätter (falls verwendet) waschen, trocken tupfen und in Streifen schneiden. Rosmarin, gegebenenfalls Pfefferminze, Zitronensaft, Öl, Kognak und Knoblauch in einer kleinen Schüssel gut verrühren. Die Lammmedaillons auf allen Seiten mit der Marinade bestreichen und zugedeckt im Kühlschrank mindestens 1 Stunde ziehen lassen.

3 Für die Kräuterbutter die Butter mit dem Rührgerät oder im Mixer cremig rühren. Mit Salz und Pfeffer würzen. Zitronensaft, Petersilie und den restlichen Rosmarin unterrühren. Die Butter im Kühlschrank wieder fest werden lassen. Anschließend zu Kugeln formen und bis zum Servieren kalt stellen.

4 Das Fleisch aus der Marinade nehmen. Das Butterschmalz in einer Pfanne erhitzen und die Medaillons darin etwa 4–5 Minuten auf jeder Seite anbraten. Dabei immer wieder mit Bratfett begießen.

5 Die Lammmedaillons aus der Pfanne nehmen, mit Salz und Pfeffer würzen und auf Tellern anrichten. Mit der Kräuterbutter servieren und nach Belieben mit Kirschtomaten garnieren. Dazu passen Kartoffelbrei, grüne Bohnen oder Baguette.

Lammkeule mit Kräutern und Knoblauch

6 PORTIONEN

1 LAMMKEULE (ETWA 2 KG)
SAFT VON 1 ZITRONE

FÜR DIE MARINADE
3 EL THYMIAN, FEIN GEHACKT
2 EL ROSMARIN, FEIN GEHACKT
2 EL PETERSILIE, FEIN GEHACKT
8 KNOBLAUCHZEHEN, FEIN GEWÜRFELT
1 EL MEERSALZFLOCKEN (FLEUR DE SEL)
½ TL FRISCH GEMAHLENER PFEFFER
50 ML OLIVENÖL
AUSSERDEM: ALUMINIUMFOLIE

ZUBEREITUNGSZEIT 140 MINUTEN PLUS 60 MINUTEN MARINIERZEIT

1 Für die Marinade Kräuter, Knoblauch, Salz und Pfeffer in einer Schüssel vermischen. Das Öl zugießen und alles glatt verrühren.

2 Mit einem scharfen Messer die Lammkeule rundum mit etwa 5 mm langen Schlitzen versehen. Das Fleisch vollständig mit der Marinade einreiben, diese dabei auch in die Schlitze drücken. Die Lammkeule bei Raumtemperatur etwa 1 Stunde marinieren.

3 Den Ofen auf 180 °C vorheizen. Die Lammkeule mit der Fettschicht nach oben auf ein Backblech legen. Im heißen Ofen etwa 2 Stunden (30 Minuten pro 500 g) garen. Das Fleisch nach 1 Stunde mit Aluminiumfolie bedecken.

4 Die Lammkeule auf ein Schneidebrett legen und mit dem Zitronensaft beträufeln. Den Braten 10–15 Minuten ruhen lassen, dann tranchieren und servieren. Dazu passen grüne Bohnen und Ofenkartoffeln.

Tipp

Lassen Sie einen Braten mindestens 10 Minuten ruhen, nachdem Sie ihn aus dem Ofen genommen haben. Während dieser Zeit zieht sich das Fleisch zusammen. Das hat zur Folge, dass sich der Braten anschließend leicht aufschneiden lässt, ohne dass viel Saft austritt. So wird er nicht trocken. Wenn Sie grüne Bohnen dazu servieren möchten, schwenken Sie sie nach dem Garen in einer heißen Pfanne mit Butter und gehacktem Knoblauch.

FEINE NACHSPEISEN

Honigbeeren auf Joghurt-Grießcreme

4 PORTIONEN

400 G GEMISCHTE BEEREN
(Z. B. HIMBEEREN, HEIDELBEEREN,
JOHANNISBEEREN, BROMBEEREN)
175 G BLÜTENHONIG
1 UNBEHANDELTE ORANGE
250 ML MILCH
1 PRISE SALZ
1 EL ZUCKER
1 PÄCKCHEN VANILLEZUCKER
0,1 G GEMAHLENER SAFRAN
40 G DINKEL- ODER WEICHWEIZENGRIESS
150 G SAHNEJOGHURT
20 G MANDELBLÄTTCHEN

ZUBEREITUNGSZEIT 25 MINUTEN

1 Die Beeren abbrausen, abtropfen lassen und, falls nötig, putzen. Eine Hälfte der Beeren in eine Schüssel geben. Die andere Hälfte mit dem Honig in einem Topf aufkochen und 5–6 Minuten köcheln lassen, bis eine sirupartige Mischung entstanden ist.

2 Inzwischen die Orange waschen und trocken reiben. Von der Schale 2–3 dünne Streifen abziehen; beiseitelegen. Die Orange auspressen. Den Orangensaft mit Wasser auf 175 ml auffüllen.

3 Den Topf mit den Honigbeeren vom Herd nehmen und den verdünnten Orangensaft unterrühren. Die Mischung über die Beeren in der Schüssel gießen; im Kühlschrank abkühlen lassen.

4 Die Milch mit den Orangenschalenstreifen, dem Salz, dem Zucker, dem Vanillezucker und dem Safran aufkochen lassen. Den Grieß unter Rühren hineinstreuen und bei schwacher Hitze etwa 5 Minuten ausquellen lassen, dabei immer wieder rühren.

5 Den Topf vom Herd nehmen. Die Orangenschale aus dem Grieß entfernen und den Joghurt unter den etwas abgekühlten Grießbrei rühren.

6 Die Mandelblättchen in einer Pfanne ohne Fett rösten. Grießcreme auf Schälchen verteilen. Die Beeren daraufgeben und mit den Mandelblättchen garnieren.

Rhabarber-Erdbeer-Dessert

4 PORTIONEN

400 G RHABARBER
1 SAFTORANGE
4 EL ZUCKER
1 ERBSENGROSSES STÜCK TONKABOHNE
ODER 1 MSP. GEMAHLENE VANILLE
300 G ERDBEEREN
250 ML MILCH
½ PÄCKCHEN VANILLEPUDDINGPULVER
250 G SAHNEQUARK

ZUBEREITUNGSZEIT 25 MINUTEN

1 Den Rhabarber waschen, putzen und in 2 cm lange Stücke schneiden. Die Orange auspressen; es sollen etwa 100 ml Saft entstehen. Die Rhabarberstücke mit 2 EL Zucker und dem Orangensaft in einen Topf geben.

2 Die Tonkabohne dazureiben oder die Vanille dazugeben. Alles aufkochen lassen und den Rhabarber 4–5 Minuten zugedeckt dünsten.

3 Inzwischen die Erdbeeren abbrausen und putzen. Je nach Größe halbieren oder vierteln. Den Rhabarber vom Herd nehmen, die Erdbeeren untermischen und alles abkühlen lassen.

4 Inzwischen für den Pudding 2 EL Milch in eine Tasse geben und die restliche Milch in einem kleinen Topf auf-kochen lassen.

5 Das Puddingpulver in der kalten Milch auflösen und den restlichen Zucker (2 EL) untermischen. Diese Mischung in die kochende Milch rühren; einmal aufkochen lassen, bis der Pudding andickt.

6 Den Pudding auf dem kalten Wasserbad unter Rühren abkühlen lassen. Den Sahnequark darunterschlagen und den Vanillequark bis zum Servieren in den Kühlschrank stellen.

7 Das Rhabarber-Erdbeer-Dessert mit dem Vanillequark in Gläser oder Schälchen schichten. Die obere Schicht sollte Kompott sein.

Birnen in Weißwein

4 PORTIONEN

1 UNBEHANDELTE ZITRONE
2 EL BIRNENSCHNAPS
4 UNBEHANDELTE ROTE WILLIAMSBIRNEN (JE ETWA 150 G) ODER ERSATZWEISE ANDERE BIRNEN
500 ML WEISSWEIN (Z. B. RIESLING)
2 EL ZUCKER
½ VANILLESCHOTE
1 ZIMTSTANGE
3 GEWÜRZNELKEN

ZUBEREITUNGSZEIT 30 MINUTEN

1 Die Zitrone heiß waschen, abtrocknen und die Schale spiralförmig abschälen. Den Zitronensaft auspressen (es sollen etwa 3 EL entstehen) und mit dem Birnenschnaps verrühren.

2 Die Birnen waschen und halbieren. Die Stiele an den Früchten lassen; die Blütenansätze und die Kerngehäuse entfernen. Die Birnen vom Stiel her nach unten schälen, dabei immer einen Streifen Schale stehen lassen. Die geschälten Stellen der Birnen sofort mit der Zitronensaftmischung bestreichen.

3 Den Weißwein in einen Topf gießen und erhitzen. Der Topf sollte so groß sein, dass die Birnen darin gerade nebeneinander und zur Hälfte im Wein liegen können. Zucker, Vanilleschote, Zimtstange, Gewürznelken und Zitronenschale zum Wein geben.

4 Die Birnen mitsamt Marinade in die heiße Weinmischung geben. Zugedeckt bei mittlerer Hitze etwa 5 Minuten leicht köcheln lassen; Birnen wenden und noch 5 Minuten köcheln lassen.

5 Die Früchte aus dem Sud nehmen und in Dessertschalen geben. Den Sud offen bei starker Hitze etwa 5 Minuten einköcheln lassen. Anschließend durch ein Sieb über die Birnen gießen. Die Birnen im Weißwein sofort servieren oder im Sud abkühlen lassen und kalt servieren.

Gebackene Feigen mit Orangencreme

4 PORTIONEN

2 EL PISTAZIENKERNE
2 EL ORANGENBLÜTENHONIG
1 TL ZITRONENSAFT
4 GROSSE ODER 8 KLEINE FESTE FEIGEN
1 UNBEHANDELTE ORANGE
150 G CRÈME FRAÎCHE
1 MSP. GEMAHLENER INGWER
1 TL GROB ZERSTOSSENE ROSA PFEFFERKÖRNER

ZUBEREITUNGSZEIT 20 MINUTEN

1 Den Backofen auf 200 °C vorheizen. Die Pistazien grob hacken. Mit dem Honig und dem Zitronensaft verrühren.

2 Die Feigen waschen und trocken tupfen. Von jeder Feige den Stiel oben abschneiden, dann die Früchte halbieren.

3 Die Feigen mit den Schnittflächen nach oben nebeneinander in eine ofenfeste Form setzen und mit dem Pistazienhonig beträufeln. Im heißen Ofen etwa 12 Minuten backen.

4 Inzwischen die Orange waschen und abtrocken. Die Schale fein abreiben und den Saft auspressen. Die Crème fraîche mit Orangensaft- und schale sowie Ingwer und rosa Pfeffer verrühren.

5 Die Feigen aus dem Ofen nehmen und nur kurz abkühlen lassen. Die lauwarmen Feigen sofort mit der Orangencreme servieren.

Alternative

Die Creme können Sie auch zu rohen Feigen servieren – das spart die Backzeit im Ofen. Oder Sie servieren die gebackenen Feigen einfach mit fertiger Eiscreme (z. B. Orangen- oder Vanilleeis) statt mit Orangencreme.

Cheesecakecreme mit Heidelbeeren

4 PORTIONEN

100 G ZUCKER
250 G HEIDELBEEREN
100 G TK-HIMBEEREN
1 EI
1 UNBEHANDELTE ZITRONE
1 PRISE SALZ
1 PÄCKCHEN VANILLEZUCKER
200 G DOPPELRAHMFRISCHKÄSE
75 G BUTTERGEBÄCK (Z. B. DÄNISCHE BUTTERPLÄTZCHEN)

ZUBEREITUNGSZEIT 20 MINUTEN

1 In einem kleinen Topf 100 ml Wasser mit 75 g Zucker aufkochen und etwa 5 Minuten köcheln lassen, bis sich der Zucker vollständig aufgelöst hat und die Flüssigkeit leicht eingekocht ist.

2 Die Heidelbeeren abbrausen und verlesen. In den Zuckersirup geben; aufkochen und köcheln lassen, bis die Beeren aufplatzen. Die gefrorenen Himbeeren untermischen. Beiseitestellen.

3 Das Ei trennen. Die Zitrone waschen und abtrocknen. Die Schale fein abreiben und die Zitrone auspressen (es sollen etwa 3 TL Saft entstehen). Das Eiweiß mit dem Salz steif schlagen.

4 Das Eigelb mit dem restlichen Zucker (25 g) und dem Vanillezucker hell und cremig schlagen. Den Frischkäse hinzufügen und untermischen. Die Creme mit Zitronenschale und -saft würzen, dann den Eischnee unterheben.

5 Das Buttergebäck grob zerbröseln. Ein Drittel der Brösel auf vier kleine Gläser verteilen.

6 Creme und Beeren esslöffelweise mit einer Bröselschicht dazwischen in die Gläser schichten. Mit Beeren und Keksbröseln abschließen. Die Cheesecakecreme bis zum Servieren kalt stellen.

Mohn-Marzipan-Mousse mit Cranberry

4 PORTIONEN

100 ML MILCH
60 G MARZIPANROHMASSE
30 G GEMAHLENER MOHN
150 G JOGHURT
1 EL MANDELLIKÖR (Z. B. AMARETTO)
2 TL INSTANT-GELATINE
150 G SAHNE
1 PÄCKCHEN VANILLEZUCKER
30 G ZUCKER
4 EL CRANBERRYKOMPOTT ODER -KONFITÜRE
2 EL ORANGENSAFT

ZUBEREITUNGSZEIT 25 MINUTEN

1 Die Milch in einen Topf füllen. Das Marzipan hineinraspeln, den Mohn dazugeben und unterrühren. Alles unter Rühren einmal aufkochen lassen; beiseitestellen und abkühlen lassen.

2 Joghurt und Likör unter die abgekühlte Mohnmasse mischen. Die Instant-Gelatine dazugeben und mit den Quirlen des Handrührgeräts unterrühren.

3 Die Sahne steif schlagen, dabei den Vanillezucker und den Zucker einrieseln lassen. Unter die Mohn-Marzipan-Masse ziehen.

4 Die Masse in eine Schale oder in vier Portionsschälchen füllen und im Kühlschrank fest werden lassen.

5 Die Cranberrys mit dem Orangensaft glatt rühren – besonders fein wird die Mischung, wenn sie mit dem Stabmixer aufgeschlagen wird. Die Sauce zur Mohn-Marzipan-Mousse servieren.

Weißweincreme

4 PORTIONEN

200 ML WEISSWEIN (Z. B. MUSKATELLER)
2 EL ZITRONENSAFT
4 EIGELB
70 G ZUCKER
15 G INSTANT-GELATINE
200 G SAHNE
ETWA 200 G WEINTRAUBEN

ZUBEREITUNGSZEIT 15 MINUTEN PLUS 120 MINUTEN KÜHLZEIT

1 Den Weißwein und den Zitronensaft leicht erwärmen. Die Eigelbe mit dem Zucker in eine Metallschüssel geben und über dem heißen Wasserbad mit den Quirlen des Handrührgeräts in etwa 2 Minuten cremig rühren, dabei die Weinmischung nach und nach zugießen. Etwa 3 Minuten weiterschlagen, bis ein fester Schaum entstanden ist.

2 Anschließend die Instant-Gelatine in den Weinschaum rieseln lassen; 1 Minute weiterschlagen. Die Schüssel vom Wasserbad nehmen und den Weinschaum 5 Minuten abkühlen lassen.

3 Die Sahne steif schlagen und die Schlagsahne in 2–3 Portionen unter den Weinschaum heben.

4 Die Weincreme in vier Gläser (z. B. Sektschalen oder bauchige Weingläser) füllen und mit Frischhaltefolie verschließen. Bis zum Servieren möglichst für 2 Stunden in den Kühlschrank stellen.

5 Die Weintrauben waschen, abzupfen und trocken tupfen. Die Creme vor dem Servieren mit den Trauben garnieren.

Alternative

Der Weißwein kann gut durch hellen oder roten Traubensaft, aber auch durch Apfelsaft ersetzt werden. Wenn Weintrauben gerade keine Saison haben, macht sich auch eine Garnitur mit Rosinen gut. Diese nach Belieben vorher in etwas Weinbrand einlegen.

Schwarzwälder-Kirsch-Trifle

4 PORTIONEN

1 PÄCKCHEN VANILLEPUDDINGPULVER
500 ML MILCH
5 EL ZUCKER
100 G SAHNE
1 GLAS SAUERKIRSCHEN (ABTROPF-GEWICHT 540 G)
1 EL SPEISESTÄRKE
8 SCHOKO-COOKIES
2 EL KIRSCHWASSER (NACH BELIEBEN)
2 EL RASPELSCHOKOLADE

ZUBEREITUNGSZEIT 15 MINUTEN

1 Den Pudding mit Milch und 3 EL Zucker nach Packungsangabe zubereiten. Den Pudding in eine Schüssel umfüllen und ein Stück Frischhaltefolie direkt darauflegen (so entsteht keine Haut). Abkühlen lassen, dabei zwischendurch die Sahne unterrühren.

2 Währenddessen die Kirschen in einem Sieb abtropfen lassen, den Saft dabei auffangen. In einem Topf 200 ml Kirschsaft mit 2 EL Zucker erhitzen.

3 Die Speisestärke mit etwas kaltem Saft glatt rühren. In den kochenden Saft geben und kurz aufkochen lassen, bis die Flüssigkeit andickt. Die Kirschen untermischen; das Kirschragout kalt stellen.

4 Die Böden von vier Gläsern mit der Hälfte des Puddings bedecken. Die Cookies grob zerbrechen, die Hälfte der Keksstückchen auf den Pudding geben und nach Belieben mit Kirschwasser beträufeln.

5 Das Kirschragout (bis auf 4 Löffel) und den restlichen Pudding auf die Keksschichten verteilen. Die übrigen Keks-stücke darauf-streuen und die Portionen mit Kirschragout und Schokoraspeln garnieren.

Duftender Tischschmuck

Ein Kräuterkranz verströmt herrliche Aromen und holt den Sommer in Ihre vier Wände.

PRODUKTION: ANKE HÄGELE / FOTOS: STEFFEN HÄGELE

Diese vergängliche Tischdekoration ist etwas aufwendig – dafür aber umso hübscher.

Bastelanleitung

- Kürzen Sie die Kräuter vorab auf eine Länge von etwa zehn Zentimetern, und binden Sie diese mit dem Basteldraht zu kleinen Sträußen zusammen.
- Wickeln Sie den Basteldraht zwei- bis dreimal um den Kranz und stecken Sie das Ende von unten in den Kranz, um den Draht zu fixieren.
- Legen Sie nun die Kräuterbündel auf den Kranz und umwickeln Sie die Enden mehrmals mit dem Draht. Gut anziehen, damit die Kräuter später nicht herausrutschen (Bild 1). Setzen Sie die Kräutersträuße wie Dachziegel immer etwas überlappend aneinander, damit das Grün den Kranz lückenlos bedeckt (Bild 2).
- Die letzten Kräuterzweige fixieren Sie wie die vorherigen. Dann zwicken Sie den Draht ab und stecken das Ende von unten in den Kranz. Lücken, durch die das Stroh zu sehen ist, können Sie mit einzelnen Kräuterstielen auffüllen.
- Jetzt dekorieren Sie den Kranz mit den Blüten (Bild 2). Dazu stecken Sie die Stiele einfach zwischen die Kräuter.
- Für den letzten Feinschliff schneiden Sie die überstehenden Stiele ab und den Kranz in Form (Bild 3), bis er schön gleichmäßig aussieht (Bild 4).

Tipp: Wenn der Kräuterkranz zu trocknen beginnt, einfach die Blüten entfernen, dann sieht er noch eine ganze Weile hübsch aus.

Das benötigen Sie:

- Strohkranz
- grüner Basteldraht
- Seitenschneider
- Schere
- verschiedene Kräuter (nach Verfügbarkeit, zum Beispiel Salbei, Rosmarin, Thymian, Currykraut)
- verschiedene Blüten (nach Verfügbarkeit, zum Beispiel Schopflavendel, Lavendel, Ringelblumen, Gänseblümchen, Klee)

Sommerliche Dekoration: ein frischer Kranz aus Blumen und Kräutern

Feine Dattel-Mandarinen-Creme

4 PORTIONEN

12 DATTELN (Z. B. MEDJOOL)
2 MANDARINEN
250 G SAHNEQUARK
250 G JOGHURT
2 EL AKAZIENHONIG, MEHR NACH GESCHMACK
1 MSP. ZIMT
MARK VON ½ VANILLESCHOTE,
1 MSP. GEMAHLENE VANILLE ODER
1 PÄCKCHEN VANILLEZUCKER
8 SPEKULATIUS

ZUBEREITUNGSZEIT 15 MINUTEN

1 Die Datteln entsteinen und klein schneiden. Die Mandarinen schälen, die weißen Fäden entfernen und die Früchte in Segmente teilen. Die Segmente (bis auf ein paar für die Garnitur) quer in Stücke schneiden, den Saft dabei auffangen.

2 Den Quark und den Joghurt mit dem Honig, dem Zimt und der Vanille cremig rühren. Die Datteln und die zerkleinerten Mandarinensegmente samt Saft untermischen.

3 Den Spekulatius in Stückchen brechen. Die Dattel-Mandarinen-Creme mit den Spekulatiusstückchen (bis auf einen Rest zum Garnieren) in Gläser schichten. Mit Spekulatius und Mandarinen garnieren; sofort servieren.

Alternative

Dattelstückchen und 50 g gehackte Cashewkerne unter die gewürzte Quarkmischung rühren. Die Mandarinen weglassen. Die Dattel-Cashew-Creme nach Belieben pürieren und zusätzlich mit Kardamom würzen.

Gebrannte Katalanische Creme

4 PORTIONEN

2 EIGELB
75 G ZUCKER
1 PÄCKCHEN VANILLEZUCKER
40 G SPEISESTÄRKE
250 ML MILCH
250 G SAHNE
1 EL WEICHE BUTTER
ETWA 2 EL ROHROHRZUCKER

ZUBEREITUNGSZEIT 20 MINUTEN

1 Die Eigelbe mit dem Zucker und dem Vanillezucker mit den Quirlen des Handrührgeräts in 3 Minuten cremig schlagen. Speisestärke sieben und mit 50 ml Milch unter die Eigelbcreme rühren.

2 Die restliche Milch (200 ml) und die Sahne aufkochen lassen. Die heiße Milch-Sahne-Mischung nach und nach unter die Eigelbcreme rühren.

3 Die Creme in den Topf zurückgießen und bei mittlerer Hitze unter ständigem Rühren in etwa 2 Minuten andicken, aber nicht aufkochen lassen. Die Butter hinzufügen und unter Rühren in der Creme zerlassen.

4 Vier flache ofenfeste Portionsformen (möglichst ovale flache Crème-Brûlée-Formen) mit kaltem Wasser ausspülen. Die Creme auf die Formen verteilen, zudecken und kalt stellen. Die Creme wird bereits nach 10 Minuten fest.

5 Vor dem Servieren die Creme so mit dem Rohrohrzucker bestreuen, dass die ganze Oberfläche gleichmäßig mit wenig Zucker bedeckt ist.

6 Den Zucker mithilfe eines Gas- bzw. Flambierbrenners karamellisieren. Wer keinen Brenner hat, stellt die Formen kurz unter den heißen Backofengrill, bis der Zucker schmilzt und knusprig wird.

Pannacotta

4 PORTIONEN

1 NEKTARINE
4 EL ZUCKER
3 BLATT WEISSE GELATINE
1 VANILLESCHOTE
200 G SAHNE
300 ML MILCH

ZUBEREITUNGSZEIT 15 MINUTEN PLUS 4 STUNDEN KÜHLZEIT

1 Die Nektarine waschen. Das Fruchtfleisch in Spalten vom Stein schneiden. Etwas Wasser mit 2 EL Zucker in einem kleinen Topf aufkochen und die Nektarinenspalten darin etwa 5 Minuten köcheln lassen. Herausnehmen und abtropfen lassen.

2 Die Gelatine in kaltem Wasser einweichen. Die Vanilleschote längs aufschlitzen und das Mark herauskratzen.

3 Die Sahne mit der Milch, 2 EL Zucker und dem Vanillemark erhitzen. Aufkochen lassen und vom Herd nehmen. Die Gelatine ausdrücken und in der Sahnemilch auflösen.

4 Die Pannacotta in Portionsförmchen füllen und für 4 Stunden kalt stellen. Mit einem dünnen, spitzen Messer am Innenrand der Förmchen entlangfahren und die Creme so lösen. Auf die Teller stürzen und mit den Nektarinenspalten anrichten.

Das schmeckt dazu

300 g weiches Obst nach Geschmack mit 50 g Zucker pürieren und als Spiegel auf die Teller setzen. Beeren und Zitronenmelisse- oder Minzeblättchen rings um die Panna cotta setzen und mit Puderzucker bestäuben.

Cappuccino-Kirsch-Creme

4 PORTIONEN

1 KLEINES GLAS SAUERKIRSCHEN (ABTROPFGEWICHT 370 G)
1 EL INSTANT-KAFFEEPULVER
40 ML KIRSCHWASSER ODER ABGETROPFTE FLÜSSIGKEIT VON DEN KIRSCHEN
2 EIER
1 PRISE SALZ
80 G ZUCKER
200 G MASCARPONE
50 G MOKKA- ODER ESPRESSO-SCHOKOLADE
100 ML FETTARME MILCH

ZUBEREITUNGSZEIT 20 MINUTEN

1 Die Kirschen in ein Sieb schütten und abtropfen lassen; den Saft auffangen. Das Kaffeepulver im Kirschwasser oder der abgetropften Flüssigkeit auflösen.

2 Die Eier trennen. Die Eiweiße mit dem Salz steif schlagen; beiseitestellen. Die Eigelbe mit dem Zucker zu einer hellen dicken Creme schlagen. Zuerst den Mascarpone, dann die Kaffeemischung unter die Creme rühren.

3 Die Schokolade fein reiben. Etwas geriebene Schokolade zum Garnieren aufheben, die restliche mit dem Eischnee unter die Creme rühren. Die Kirschen unter die Cappuccinocreme heben.

4 Die Cappuccino-Kirsch-Creme in Kaffeetassen oder Gläser füllen und bis zum Servieren in den Kühlschrank stellen.

5 Kurz vor dem Servieren die Milch erwärmen und mit dem Milchschäumer aufschlagen. Den Milchschaum auf die Cappuccino-Kirsch-Creme geben und mit der übrigen geriebenen Schokolade bestreuen.

Mini-Schoko-Strudel

16 STÜCK

150 G VOLLMILCHSCHOKOLADE
120 G GEMAHLENE HASELNUSSKERNE
4 EL RUMROSINEN (GLAS)
ABGERIEBENE SCHALE VON
1 UNBEHANDELTEN ZITRONE
3–4 EL BUTTER
120 G DÜNNER STRUDEL- ODER FILOTEIG
(4 TEIGBLÄTTER)
FLÜSSIGE SCHOKOLADENGLASUR
(FERTIGPRODUKT) ZUM GARNIEREN

ZUBEREITUNGSZEIT 30 MINUTEN

1 Den Backofen auf 150 °C vorheizen. Ein Backblech mit Backpapier belegen. Die Schokolade in einer Schüssel über dem heißen Wasserbad schmelzen.

2 Die Haselnüsse unterrühren, dann die Rumrosinen und die Zitronenschale dazugeben. Den Topf vom Herd nehmen; die Schüssel mit der Masse auf dem Topf stehen lassen. Die Butter in einem kleinen Topf zerlassen.

3 Die Strudel- oder Filoteigblätter vorsichtig auseinanderfalten – sie zerbrechen an den Faltstellen leicht. Ein Blatt ausbreiten, die anderen mit einem feuchten Tuch bedecken.

4 Das ausgebreitete Blatt mit Butter bestreichen und zusammenklappen. Mit einem scharfen Messer in vier gleich große Stücke schneiden.

5 Etwa 1 EL Schokoladenmasse mittig auf die Teigstücke setzen und diese locker zu Päckchen oder Bonbons formen. Die Mini-Strudel auf das Backblech legen und mit Butter bestreichen.

6 Mit den restlichen Teigblättern und der Masse ebenso verfahren. Die Strudel im heißen Ofen (Mitte) 7–10 Minuten backen. (Die genaue Backzeit hängt von der Größe der Strudel ab und davon, wie knusprig sie sein sollen.) Herausnehmen und mit Schokoladenlinien überziehen.

Schokoladenflammeri

4 PORTIONEN

125 G BITTERSCHOKOLADE
(MINDESTENS 70 % KAKAOANTEIL)
35 G SPEISESTÄRKE
500 ML MILCH
2 EL ZUCKER
1 PÄCKCHEN VANILLEZUCKER
1 GEHÄUFTER EL KAKAOPULVER
SCHOKOLADENSPÄNE ZUM GARNIEREN

**ZUBEREITUNGSZEIT 15 MINUTEN
PLUS 1 STUNDE KÜHLZEIT**

1 Die Schokolade grob zerkleinern. Die Speisestärke mit 4 EL Milch glatt rühren. Die übrige Milch mit dem Zucker, dem Vanillezucker, dem Kakao und den Schokoladenstückchen in eine Kasserolle geben. Das Ganze unter gelegentlichem Rühren langsam aufkochen lassen.

2 Sobald die Schokolade in der Milchmischung geschmolzen ist, die angerührte Stärke in die kochende Schokoladenmilch gießen und alles unter ständigem Rühren bei mittlerer Hitze einmal aufkochen lassen, bis die Masse andickt.

3 Die Puddingmasse in Schälchen oder Gläser füllen. Etwas abkühlen, dann im Kühlschrank in 1 Stunde fest werden lassen. (Je flacher die Schälchen sind, desto schneller wird der Pudding fest).

4 Vor dem Servieren flüssige oder steif geschlagene Sahne oder Vanillesoße auf die Portionen geben und die Puddings mit Schokoladenspänen garnieren.

Tipp

Einen Pudding aus Schokoladenpuddingpulver nach Packungsangabe kochen und 50 g gehackte Bitterschokolade und/oder Mandelstifte unter den noch warmen Pudding rühren.

Schokoladentarte

FÜR 1 KLEINE SPRINGFORM (20 CM ∅)

100 G BITTERSCHOKOLADE
(KAKAOANTEIL MINDESTENS 60 %)
100 G BUTTER
50 G ZUCKER
2 GOSSE EIER (L)
1 EL MEHL

ZUBEREITUNGSZEIT 35 MINUTEN

1 Den Backofen auf 180 °C vorheizen. Die Form mit Backpapier auskleiden. Die Schokolade in kleine Stücke brechen und in eine Metallschüssel geben. Die Butter hinzufügen und beides über dem heißen Wasserbad schmelzen.

2 Vom Wasserbad nehmen und den Zucker mit einem Kochlöffel unter die Schoko-Butter-Mischung schlagen.

3 Die Mischung etwas abkühlen lassen. Die Eier nacheinander und dann das Mehl gründlich darunterschlagen.

4 Die Masse in die Form füllen und im heißen Ofen 20 Minuten backen. Die gebackene Tarte soll in der Mitte auf leichten Fingerdruck nachgeben und nicht zurückfedern.

5 In der Form abkühlen lassen. Die Tarte aus der Form nehmen und in Stücke schneiden. Mit Crème fraîche, Beerenpüree und Kirschragout anrichten.

Mokka-Zabaione

4 PORTIONEN

100 ML HEISSER STARKER ESPRESSO
4 EIGELB
60 G ZUCKER
4 EL KAFFEELIKÖR
4 KUGELN SCHOKOLADENEISCREME
KAKAOPULVER ZUM BESTÄUBEN

ZUBEREITUNGSZEIT 10 MINUTEN

1 Für das Wasserbad eine passende Metallschüssel auf einen Topf mit heißem Wasser setzen. Schüssel- und Topfboden dürfen sich dabei nicht berühren. Das Wasser soll heiß sein, darf aber keinesfalls kochen. Wer einen Simmertopf hat, verwendet diesen.

2 Den frisch zubereiteten heißen Espresso etwa 5 Minuten abkühlen lassen. Inzwischen die Eigelbe und den Zucker in die Schüssel auf dem heißen Wasserbad geben und mit den Quirlen des Handrührgeräts in etwa 3 Minuten zu einer dicklichen Creme schlagen.

3 Den Kaffeelikör mit dem Espresso mischen. Die Temperatur der Mischung sollte dann lauwarm sein. Die Espresso-Likör-Mischung unter Rühren zur Eigelbcreme gießen. Weiterschlagen, bis ein fester Schaum entsteht.

4 Die Mokka-Zabaione auf vier Dessertgläser verteilen und jeweils eine Kugel Schokoladeneiscreme hineinsetzen. Mit etwas Kakaopulver bestäuben und sofort servieren.

Quark-Mandarinen-Soufflés

4 PORTIONEN

250 G ABGETROPFTE MANDARINEN
(2 KLEINE DOSEN)
2 EIER
90 G ZUCKER
150 G MAGERQUARK
100 G CRÈME FRAÎCHE
ABGERIEBENE SCHALE VON
1 UNBEHANDELTEN LIMETTE
25 G SPEISESTÄRKE
1 PRISE SALZ
PUDERZUCKER UND GEHACKTE
PISTAZIENKERNE ZUM BESTREUEN

ZUBEREITUNGSZEIT 35 MINUTEN

1 Den Backofen auf 200 °C vorheizen. Die Mandarinen auf vier Souffléförmchen (je 10 cm Ø) verteilen.

2 Die Eier trennen. Die Eigelbe mit 40 g Zucker cremig schlagen. Quark, Crème fraîche und Limettenschale, dann die Speisestärke gründlich unterrühren.

3 Die Eiweiße mit dem Salz steif schlagen. Dabei nach und nach den restlichen Zucker (50 g) einrieseln lassen. Den Eischnee unter die Creme heben.

4 Die Masse auf das Obst in den Förmchen füllen und die Soufflés im heißen Ofen 15–20 Minuten backen, bis sie aufgegangen und oben goldbraun sind.

5 Die Förmchen vorsichtig aus dem Ofen nehmen, mit Puderzucker bestäuben und mit Pistazien bestreuen. Nach Belieben Mandarinen dazu anrichten.

REGISTER

N/O

P/Q

R

S

Einleitung
Reader's Digest

Reader's Digest
Redaktion: Falko Spiller
Grafik und Prepress: Klaus Eitel
Bildredaktion: Sabine Schlumberger

Redaktionsdirektor: Michael Kallinger
Redaktionsleiterin Buch: Almuth Stiefvater
Art Director: Susanne Hauser

Produktion
Arvato Supply Chain Solutions SE, Thomas Kurz

Druck und Binden
Neografia, Martin

Printed in Slovakia
978-3-95619-508-2

Bildnachweis
Alle Abbildungen von Reader's Digest, außer auf S. 38/39:
Flora Press/Caroline Bureck; S. 152/153: Steffen Hägele;
Covervorder- und -rückseite, S. 3–9, 23, 28, 41, 49, 50, 61, 70, 81, 86, 89, 94, 97, 101, 132, 143, 148, 154, 158, 165: iStock

Besuchen Sie uns im Internet
www.readersdigest.de | www.readersdigest.at